中國學術思想 研究輯刊

三六編

林慶彰 主編

第 8 冊

周易的教育智慧(下)

李志華 著

花木蘭文化事業有限公司

國家圖書館出版品預行編目資料

周易的教育智慧（下）／李志華 著 -- 初版 -- 新北市：花木
蘭文化事業有限公司，2022〔民111〕
目 4+152 面；19×26 公分
（中國學術思想研究輯刊 三六編；第 8 冊）
ISBN 978-626-344-051-7（精裝）
1.CST：易經 2.CST：注釋
030.8   111010189

ISBN-978-626-344-051-7

9 786263 440517

中國學術思想研究輯刊
三六編 第 八 冊   ISBN：978-626-344-051-7

周易的教育智慧（下）

作　　者　李志華
主　　編　林慶彰
總 編 輯　杜潔祥
副總編輯　楊嘉樂
編輯主任　許郁翎
編　　輯　張雅淋、潘玟靜、劉子瑄　美術編輯　陳逸婷
出　　版　花木蘭文化事業有限公司
發 行 人　高小娟
聯絡地址　235 新北市中和區中安街七二號十三樓
　　　　　電話：02-2923-1455／傳真：02-2923-1452
網　　址　http://www.huamulan.tw 信箱 service@huamulans.com
印　　刷　普羅文化出版廣告事業
封面設計　劉開工作室
初　　版　2022 年 9 月
定　　價　三六編 30 冊（精裝）新台幣 83,000 元　　版權所有・請勿翻印

周易的教育智慧(下)

李志華　著

目

次

49. 革卦第四十九——適時變革

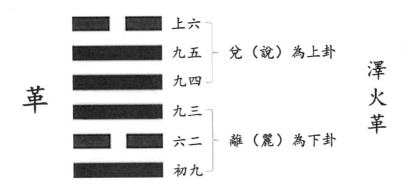

上六 ⎤
九五 ⎬ 兌（說）為上卦
九四 ⎦

九三 ⎤
六二 ⎬ 離（麗）為下卦
初九 ⎦

革

澤火革

導讀：「苟日新，日日新，又日新。」改變人生，先從改變自己開始。作為教育工作者，只有順應潮流，大膽創新，才能常教常新，與時俱進。

卦體下離上兌。兌為澤，離為火，澤中有火，有水火相剋不相容之象。「革」，原義是持刀剔除獸皮的毛，引申為變更。本卦闡釋變革之道。

49.1

革：己日乃孚〔1〕。元亨，利貞，悔亡。

【注釋】

〔1〕己日：是古代天干地支的紀日方法，它正處於前五日「戊己」和後五日「己庚」的交替轉換之時，含有「過中」「轉變」的象徵意義，正是革命變革的時刻。

孚：誠信。

【譯文】

《革》卦象徵變革：多日謀劃後再推行變革，能夠取信於民。此時一開始就非常亨通順暢，有利於堅守正道，悔恨消失。

【解說】

世間萬事積弊過多、過久，必然要對它進行改變，所謂「窮則變，變則通，通則久」。但在變革之前，一定要縝密謀劃，取信於民，擇機而行，才能卓有成效，所以說「己日乃孚，元亨」。又變革必須堅守正道，順天應人，恰到好處，才能驅除弊亂，不會留下遺憾，所以又說「利貞，悔亡」。

49.2

《彖》曰：革，水火相息，二女同居〔1〕，其志不相得，曰革。「己日乃孚」，革而信之。文明以說〔2〕，大「亨」以正。革而當，其「悔」乃「亡」。天地革而四時成，湯武革命〔3〕，順乎天而應乎人，革之時大矣哉！

【注釋】

〔1〕二女同居：指上卦兌為少女，下卦離為中女。

〔2〕文明以說：革卦下卦為離，為文明；上卦為兌，為說，「說」通「悅」，為喜悅，故言「文明以說」。

〔3〕湯武革命：商湯革夏桀之命，周武王革殷紂王之命。

【譯文】

《彖傳》說：變革，就像水火互不相容，兩個女子住在一起，她們的心思在嫁給不同的婆家，這就是革卦。「多日謀劃後再推行變革並能夠取信於民」，是說變革必然得到民眾的擁護。統治者秉持文明之德而又讓群眾喜悅，如此堅守正道，變革自然非常「亨通」。變革適當，一切「災悔」就會「消失」。天地變革而形成四季，湯武取代桀紂，這是順應天道人心。變革的時機和意義，真是太偉大了！

49.3

《象》曰：澤中有火，革。君子以治曆明時〔1〕。

【注釋】

〔1〕曆：曆法。時：四時。

【譯文】

《大象傳》說：大澤之中有烈火，水火不相容，象徵著變革。君子效法此象，要修訂曆法以明辨一年四季的變化。

【解說】

大澤之中有烈火，不是水澆滅火，就是火蒸乾水，兩者相互對立，有變革之象。教育工作者從中得到啟示，應不斷加強學習，更新觀念，與時俱進，

不斷提高思想文化素質和教育教學水平，從而適應飛速發展、日新月異的時代要求。

49.4

初九：鞏用黃牛之革〔1〕。

《象》曰：「鞏用黃牛」，不可以有為也。

【注釋】

〔1〕鞏：固。黃牛：黃是中色，牛是順從的動物，比喻持中馴服。革：皮革，比喻堅固。

【譯文】

初九：應該用黃牛的皮革牢牢地捆綁住。

《小象傳》說：「用黃牛的皮革牢牢地捆綁住」，說明「初九」應慎重行事，不可能有所作為。

【解說】

下交互卦為巽，巽為繩子，為繫；下卦為離，離為牛；若「初九」發生爻變，則下卦變為艮卦，艮為山，為堅守，為手，故有「鞏用黃牛之革」之象。「初九」處革卦之初，雖身為陽爻而居於陽位，但是位卑力弱，難堪變革大用。同時，他還與上方的「九四」敵應，沒有援引，因而，不能積極有所作為。此時，他只有以「牛革」堅韌之物捆綁自己，以持中馴順之道慎重約束自己，待時而動，才能順暢無阻，事半功倍。

【智慧點津】此爻揭示變革必須先鞏固自己，勿輕舉妄動。

【案例解讀】《國家中長期教育改革與發展規劃綱要》實施前問計與民。該《綱要》編制工作自 2008 年 8 月啟動，在深入調研、廣泛聽取建議的基礎上，經過反覆研究修改，才形成了公開徵求意見稿，並於 2010 年 7 月 29 日正式發布實施。實踐證明，該《綱要》行之有效，它成為我國教育改革發展史上一個新的里程碑，具有十分重要的戰略意義。「慎厥初，惟厥終，終以不困」「鞏用黃牛之革」，其功用由此可見一斑。

49.5

六二：己日乃革之〔1〕，征吉〔2〕，无咎。

《象》曰：「己日革之」，行有嘉也〔3〕。

【注釋】

〔1〕己：天干過中，後接「庚」（和「更」諧音），象徵事物交相轉變，更新之時。

〔2〕徵：前進。

〔3〕嘉：美好。

【譯文】

六二：在「己日」果斷推行變革，前進吉祥，沒有災禍。

《小象傳》說：「在己日果斷推行變革」，行動必獲嘉美之功。

【解說】

「六二」以陰爻居陰位，柔順中正，是下卦「離」明的主爻，具備文明的德性，成為改革的主體；又上與「九五」中正之君相應，得到提攜和信任，可以發動改革。這時，應當即立斷，實行變革，不會有災難。

【智慧點津】此爻揭示變革必須抓住時機，果斷推進。

【案例解讀】<u>教育部大力推進基礎教育課程改革</u>。教育日新月異，原有的基礎教育課程已不能完全適應時代發展的需要。為此，2001 年，教育部頒布《基礎教育課程改革綱要（試行）》，以調整和改革基礎教育的課程體系、結構、內容，構建符合素質教育要求的新的基礎教育課程體系。如今，素質教育發展方興未艾，新課程理念已深入人心。實踐證明，新課程改革是當務之急，明智之舉。

49.6

九三：征凶，貞厲。革言三就〔1〕，有孚。

《象》曰：「革言三就」，又何之矣〔2〕？

【注釋】

〔1〕言：言論，謀劃。就：徵求意見。

〔2〕之：走，前往。

【譯文】

九三：急進會發生兇險，要堅守正道以防危險。變革的主張要多次徵求意見再施行，才能贏得人們的信賴。

《小象傳》說：「變革的主張要多次徵求意見再施行」，這是說不走變革之路，又能往哪裏去呢？

【解說】

上卦為兌，兌為口，為言；上交互卦為乾，乾為圓滿，為完成；「九三」居於離卦第三爻，故有「革言三就」之象。「九三」以陽爻居陽位，過剛失中，有妄行躁動之象；這時，只有堅守正道，才能防止危險。然而，「九三」又處在上下卦臨界點，革卦之中，變革之道已初見成效，但局勢尚不穩定；因而，必須廣納眾言，博採眾議，意見一致時，才能平穩推進，獲得成功。

【智慧點津】此爻揭示變革要小心謹慎，計劃周詳，穩固推進。

【案例解讀】教育部統一部編版教材。為了更好地適應形勢發展的需要，體現立德樹人的宗旨，2019 年秋季新學期開始，全國所有中小學生的語文、歷史、道德與法治都使用統一部編版教材。「部編本」語文教材的編寫從 2012 年就已經開始啟動，歷經 4 年的時間，經過廣泛徵求各方意見，60 多名教育學者不斷研究探討終於面世，這些都體現了「革言三就」的慎重和爻旨。

49.7

九四：悔亡〔1〕，有孚改命，吉。

《象》曰：「改命之吉」，信志也〔2〕。

【注釋】

〔1〕亡：消失。

〔2〕信：通「伸」，即伸張。

【譯文】

九四：悔恨消失，以誠信革除不合天命的舊制度，吉祥。

《小象傳》說：「革除不合天命的舊制度，吉祥」，因為「九四」變革之志得到伸張。

【解說】

「九四」以陽爻居陰位，不正不中，本來有後悔。然而，若變革恰當，則悔恨就會消失。此時，變革正當「水」「火」天命轉變之際，已經超過一半，進入取得成就的階段。百姓由懷疑、觀望紛紛轉為支持參與。「九四」這時如果能夠順應天道，繼續取信於民，發揮剛健之才，矢志不移，就一定能「吉」祥順利地實現變革的目標。

【智慧點津】此爻揭示改革要贏得群眾的信賴和支持。

【案例解讀】我國全面推進中小學教師職稱制度改革。時下，中小學教師職稱評聘弊端甚多──指標少，硬槓槓多，缺乏標準和規範……廣大教師呼籲盡快實行新的職稱制度改革。為此，2015年，人社部、教育部聯合印發了《關於深化中小學教師職稱制度改革的指導意見》，新的職稱制度設置了中小學教師正高級職稱、創新評價機制等，使中小學教師首次擁有和教授、研究員同樣的職業發展空間。此項職稱制度改革惠及廣大中小學教師，它必將在廣大教師的支持下，「有孚改命，吉」。

49.8

九五：大人虎變〔1〕，未佔有孚〔2〕。

《象》曰：「大人虎變」，其文炳也〔3〕。

【注釋】

〔1〕虎變：像老虎換毛一樣。

〔2〕孚：誠信。

〔3〕文：虎之斑紋，文采，這裡喻指道德。炳：顯明。

【譯文】

九五：偉大的人物象猛虎一般推行變革，不必占卜就知能取得民眾的信任。

《小象傳》說：「偉大的人物象猛虎一般進行變革」，說明「九五」德昭天下。

【解說】

上爻互卦為乾，乾為君，為首；上卦為兌，兌為西方，為白虎，下卦為離，離為火，為文明。「九五」位於上卦兌中，它和下卦離火中的「六二」相應，故有「大人虎變」和「文炳」之象。「九五」陽剛中正，在君位，是革卦的主體，相當於偉大的人物。老虎為「百獸之王」，最有威嚴，故以之為喻。它的斑紋，到了秋天，變得光澤鮮明，象徵改革的徹底和煥然一新。「九五」公正無私，改革順天應人，必然雲集天下，功德昭然，名揚後世。

【智慧點津】此爻揭示變革必須中正徹底，才能光照天下。

【案例解讀】1977年高考重啟。據《錢江晚報》2017年6月6日刊載：1977年10月21日，《人民日報》刊發題為《高等學校招生進行重大改革》的消息，標誌著中斷10年的高考制度正式恢復。此事不僅改變了無數人的命運，也改變了國家的未來。這個重大決策是由鄧小平副總理在某次主持召開科學和教育工作座談會上當場拍板敲定的，此舉可謂「大人虎變，其文炳也」。

49.9

上六：君子豹變〔1〕，小人革面，征凶。居貞吉。

《象》曰：「君子豹變」，其文蔚也〔2〕。「小人革面」，順以從君也。

【注釋】

〔1〕豹變：如豹之變化。豹比老虎次一等，此「君子」比「大人」次一等，故大人被喻為虎，君子被喻為豹。

〔2〕蔚：文采。

【譯文】

上六：君子像斑豹那樣助成變革，小人也順應變革改變舊面目，冒進會

有兇險。只有安居守正才能得到吉祥。

《小象傳》說：「君子像斑豹那樣助成變革」，說明他的文采清朗分明。「小人也順應變革改變舊面目」，說明他們只是表面順從君主。

【解說】

上卦為兌，兌為口，為悅，「上六」為陰爻小人，他會用甜言蜜語取悅「九五」之君，故有「小人革面」之象。「上六」處革卦之極，表示改革已經完成。此時，大局已定，繼續革命會有兇險；只有讓百姓休養生息，才會鞏固和享受改革成果，獲得擁戴和吉祥。

【智慧點津】此爻揭示變革成功以後，統治者應該與民休息，鞏固成果。

【案例解讀】新課程改革成功。為了糾正應試教育的弊端，提高我國的綜合國力和競爭力，我國新一輪課程改革於 1999 年正式啟動，2001 年 7 月正式頒布施行。它倡導「一切為了每一位學生的發展」的核心理念，關注學生的發展，強調教師的成長，重視以學定教。經過二十年的推進，少數教師由最初的牴觸、觀望到後來的逐步認可，並最終自覺踐行，教學觀念日益更新，教學方式大有轉變，教學質量顯著提高，這正所謂「君子豹變，小人革面」。

50. 鼎卦第五十——養賢用才

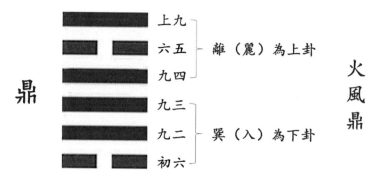

導讀：「致天下之治者在人才，成天下之才者在教化。」作為教育工作者，應恪盡職守，端正而穩重，為國家培養更多棟樑之才。

卦體下巽上離。離為火，巽為木，木上有火，有烹飪之象；鼎煮食物，化生為熟，又有養賢和除舊布新之意。此外，鼎為三足，還是國之重寶大器，兼有穩重之象。卦形「初六」爻像鼎的腳，中間的三個陽爻像鼎的腹，「六五」

爻像鼎的耳，「上九」爻像鼎的槓（鉉）。本卦闡釋養賢之道。

50.1

鼎：元〔1〕吉，亨〔2〕。

【注釋】

〔1〕元：大。

〔2〕亨：亨通。

【譯文】

《鼎》卦象徵革故鼎新：大吉大利，亨通。

【解說】

鼎既能烹煮食物，化生為熟，又能供養賢士，還可以作為國之祭器，所以非常吉祥、亨通。卦中「六五」柔弱之君處離體具有柔順文明之德，「九二」剛中之臣處巽體具有謙遜隨順之德，兩者陰陽相應，象徵柔中之君得到剛中的賢臣輔佐。君王養賢任能，國泰民安，故言「元吉，亨」。

50.2

《彖》曰：鼎，象也。以木巽火〔1〕，亨飪也〔2〕。聖人亨以享上帝〔3〕，而大亨以養聖賢。巽而耳目聰明〔4〕，柔進而上行，得中而應乎剛〔5〕，是以「元亨」。

【注釋】

〔1〕以木巽火：指下卦為巽，巽為木，為入；上卦為離，離為火。故言「以木巽火」。

〔2〕亨飪：亨，通「烹」，烹飪。下文中的「聖人亨」「大亨」中「亨」和此義同。

〔3〕享：祭祀。

〔4〕巽：通「遜」，謙遜。耳：「六五」陰爻像鼎耳。

〔5〕柔進而上行，得中而應乎剛：「柔」指「初六」，它從初位上升到五位；「中」指「六五」；剛指「九二」。這裡指「六五」居於上卦中位並且和「九二」陽爻相應。

【譯文】

《彖傳》說：鼎，是一種烹飪食物、養人的器具。架起木柴放入火中燃燒，這就是烹煮食物。聖人烹煮食物來祭祀上帝，又用豐盛的食物來養育賢

才。「六五」之君謙遜而耳聰目明，以柔順之德向上升進，他高居「六五」中位而又有「九二」陽剛賢臣輔佐，所以說「非常亨通」。

50.3

《象》曰：木上有火，鼎。君子以正位凝命〔1〕。

【注釋】

〔1〕正：端正。凝：嚴守。

【譯文】

《大象傳》說：木柴上面燃燒著火焰，象徵著鼎器在烹飪食物。君子效法此象，端正職位，完成使命。

【解說】

木柴之上火焰在燃燒，有烹飪做飯之象。鼎是烹飪器物，又是祭祀天地的禮器，也是國家權力的象徵，因此它的含義可以引申為供養為國效力的賢能之才。教育工作者從中得到啟示，應當立足自己的職位，恪盡職守，教書育人，完成使命。

50.4

初六：鼎顛趾〔1〕，利出否〔2〕。得妾以其子，无咎。

《象》曰：「鼎顛趾」，未悖（bèi）也〔3〕。「利出否」，以從貴也。

【注釋】

〔1〕顛：傾覆。趾：鼎足。

〔2〕否：廢棄物。

〔3〕悖：違背。

【譯文】

初六：鼎足顛翻朝上，有利於倒出裏面的污穢之物。就好像娶妾可以生子一樣，沒有災禍。

《小象傳》說：「鼎足顛翻朝上」，這並未違背常理。「有利於倒出裏面的

污穢之物」，這麼做是為了順從「九四」貴人。

【解說】

「初六」在鼎卦的最下位，相當於鼎的腳；它以陰爻居陽位不正，又與上卦的「九四」相應，因此有鼎器不穩而顛倒翻轉之象。用鼎煮食物之前，鼎足朝天，有利於排出裏面殘留的污穢物，容納新的食物，並不違背常理。這就好比娶妾生了一個兒子，雖然會引起家庭糾紛，但它能夠傳宗接代，所以不會有災難。

【智慧點津】此爻揭示養賢用才應除舊布新。

【案例解讀】校園門禁管理系統正式投入運行。據山東藝術設計職業學院官網，2019 年 10 月 11 日網載：以前，我校時有社會閒雜人員、學生隨意進出校門，給廣大師生人身安全、學校公共財產等帶來諸多隱患。為了革除這些弊端，從 10 月 9 日開始，我校最新安裝的門禁管理系統投入運行，學生和工作人員須錄入面部識別後方能進出校門。門禁系統的投入使用為加強校園安全管理、約束閒雜人員進出和規範學生日常行為提供了保障。這正體現了「鼎顛趾，利出否」的爻理。

50.5

九二：鼎有實〔1〕，我仇（qiú）有疾〔2〕，不我能即〔3〕，吉。
《象》曰：「鼎有實」，慎所之也。「我仇有疾」，終無尤也〔4〕。

【注釋】

〔1〕實：食物。

〔2〕仇：配偶，指「初六」。

〔3〕不我能即：即「不能即我」，不能靠近我。

〔4〕尤：過錯。

【譯文】

九二：鼎裏裝滿食物，我的配偶有病，卻不能靠近我，吉祥。

《小象傳》說：「鼎裏裝滿食物」，應該謹慎行事。「我的配偶有病」，但

因無隙可乘，所以最終將沒有過錯。

【解說】

「九二」以陽剛之質居於下卦中位，陽剛充實，有「鼎有食」之象。它上和「六五」相應，代表鼎中的食物可以向上取出，以供食用，安世濟民。然而「九二」剛爻下與「初六」柔爻相比鄰，表示陽剛君子為陰柔小人所拖累，如同染有疾患。但是，「九二」雖然以陽爻居陰位不正，卻能剛中自守，拒絕「初六」小人靠近傳染，最後不會有過錯，所以得「吉」。

【智慧點津】此爻揭示養賢，應謹言慎行，遠離小人。

【案例解讀】管寧割席。《世說新語》記載：三國時期，管寧和華歆同在一個園中鋤草。兩人同時看到金片，華歆欣喜若狂，但管寧卻熟視無睹。某次，有個達官貴人乘豪華馬車從門前經過，管寧還像原來一樣讀書，華歆卻放下書出去觀看。於是，管寧就割斷席子和華歆分開坐。後來，管寧成為當時著名的學者。這正是「我仇有疾，不我能即，終無尤也」的生動寫照。

50.6

九三：鼎耳革〔1〕，其行塞〔2〕，雉膏不食〔3〕。方雨虧悔〔4〕，終吉。
《象》曰：「鼎耳革」，失其義也。

【注釋】

〔1〕革：脫落。

〔2〕塞：阻塞。

〔3〕雉膏：野雞和肥肉。

〔4〕方：將要。虧：消除。

【譯文】

九三：鼎器的耳部脫落，無法將插槓插入鼎耳移鼎，精美的野雞肉不能被取出食用。一旦霖雨降下，悔恨就會消失，最終還可以獲得吉祥。

《小象傳》說：「鼎器的耳部脫落」，鼎無法移動，也就失去了它烹飪美食的意義。

【解說】

「六五」陰虛為耳，又鼎卦的初至五爻是一個放大的坎象，坎為耳。上卦為離，離為雉；「九三」爻變下卦為坎卦，坎為膏澤；上爻互卦兌為口。現在兌失口滅，故有「雉膏不食」之象。「九三」相當於鼎的腹部，陽爻充實，如同鼎中裝滿食物。但它以陽爻居陽位，過剛失中，導致鼎失去了耳，行動受阻。「九三」又與「上九」敵應，使自己不能虛中納物，同時沒有應援且難以前行，縱有美味佳餚也不能享受。「九三」雖懷才不遇，但居位得正，只要堅守正道，將來終會得到「六五」之君的賞識和提拔；兩者陰陽相和成為雨，可使上卦「離」的火虧損，後悔消除，最後仍然吉祥。

【智慧點津】此爻揭示養賢用才應守正待時。

【案例解讀】<u>陳居里從「打雜工」到「副總裁」</u>。陳居里是福耀玻璃副總裁。1990 年，他從北京航空航天大學畢業後到福耀玻璃應聘。曹德旺親自面試，瞅了一眼他的簡歷便說：「先去鍋爐車間拉板車吧！」福耀的鍋爐車間需要 24 小時不停運轉，這裡常年高溫，一般人待不到 2 分鐘，就汗流浹背，被工人們戲謔為「福耀火焰山」！陳居里的工作很簡單，就是每天至少拉一輛平板車，將近 2 噸重的廢玻璃轉移。雖然結實的手套和鞋子磨破一雙又一雙，同事多次欺負他、抹黑他、嘲笑他，但他從未要求更換崗位，從未辯解什麼。最終，默默無聞的他引起了曹德旺的注意，公司破格提拔他為副總裁。這正所謂「方雨，虧悔，終吉」。

50.7

九四：鼎折足，覆公餗（sù）[1]，其形渥（wò）[2]，凶。

《象》曰：「覆公餗」，信如何也。

【注釋】

〔1〕餗：泛指美味佳餚。

〔2〕形：鼎身。渥：沾濕。

【譯文】

九四：鼎足折斷，裏面王公們的粥飯全被傾覆，沾滿了鼎身，有兇險。

《小象傳》說：「鼎裏王公們的粥飯全被傾覆」，說明「九四」不能夠信任。

【解說】

「九四」居鼎腹的最上方，為鼎口，有鼎食盈滿之象。「九四」處於上交互卦兌之中，兌為毀折；它和「初六」陰陽相應，「初六」為足，故有「鼎折足」之象。又上交互卦兌為口，為食，故為「餗」；兌為澤故為濕，所以說「其形渥」。「九四」以陽爻居陰位，失中又失正，居於大臣之位無才無德，卻既想向上進逼「六五」之君，又想向下與「初六」相應，結果小人才力不堪其任，不自量力，導致「鼎折足，覆公餗」，兇險異常。

【智慧點津】此爻揭示應知人善用，小人不可重用。

【案例解讀】<u>包頭副校長毆打女教師事件</u>。據《瀟湘晨報》2022 年 5 月 5 日報導：4 月 30 日，包頭市第四中學副校長徐某某與教師趙某某因「就餐卡」管理問題引發爭執，並在學校主樓前發生肢體衝突，女教師診斷為腰椎骨折。事件發生後，青山區立即成立聯合調查處置組展開全面調查和處理。經初步調查，徐某某作為學校管理人員，工作方法簡單粗暴，極大地損害了教師隊伍形象。目前，徐某某已被免職，公安機關已依法介入調查，紀檢監察機關已對徐某某進行立案審查，將根據調查結果依法依規依紀嚴肅處理。「德薄而位尊，智小而謀大，力少而任重」，徐某某最終落得「鼎折足，覆公餗」之結局，實乃其自食惡果。

50.8

六五：鼎黃耳金鉉〔1〕，利貞。

《象》曰：「鼎黃耳」，中以為實也。

【注釋】

〔1〕金：銅。

〔2〕鉉：鼎耳上的弔環，貫穿鼎耳用來抬鼎的鼎槓。

【譯文】

六五：鼎配上黃色的鼎耳，插上堅固的扛鼎之器，利於堅守正道。

《小象傳》說：「鼎配上黃色的鼎耳」，說明「六五」居中而篤實。

【解說】

黃色是土地之色，是中色，是皇權的象徵；下面五個爻構成大坎卦，坎為耳；下交互卦為乾，乾為金，為玉；「上九」剛爻為金鉉，「六五」在上卦的中位，所以說「鼎黃耳金鉉」。「六五」以陰爻居尊位，具有柔中之德，能虛耳納諫，既和「上九」相比，又與「九二」剛中賢臣相應，得到兩者共同輔佐；如此扛鼎必成，賢能必養，惠澤天下。

【智慧點津】此爻揭示君子柔中用賢，才能成就大的功業。

【案例解讀】<u>唐太宗納諫、任賢開創「貞觀之治」</u>。唐太宗是唐朝的第二位皇帝，傑出的政治家，軍事家。在他繼承皇位之後，他就虛心地向那些有經驗的大臣們學習治理國家的方法。同時，他能納諫如流，不斷地自我反省，以提升自己的執政能力。不僅如此，他還設立弘文館，廣納天下英才，以備不時之需。此外，他還知人善用，任用長孫無忌、魏徵、房玄齡、杜如晦、尉遲敬德等一大批文臣武將，為國效力，最終開創了「貞觀之治」的盛世局面。「以銅為鑒，可正衣冠；以古為鑒，可知興替；以人為鑒，可明得失」，這正是他成為千古明君的光輝寫照。

50.9

上九：鼎玉鉉〔1〕，大吉，无不利。

《象》曰：「玉鉉在上」，剛柔節也〔2〕。

【注釋】

〔1〕玉鉉：鑲玉的鉉，這裡指「上九」具有如玉般堅硬而溫潤的品德。

〔2〕節：調節。

【譯文】

上九：鼎配上玉製的鼎槓，十分吉祥，沒有什麼不利。

《小象傳》說：「玉製的鼎槓高處上方」，表明君子剛柔相濟，互相調節。

【解說】

下交互卦為乾，乾為玉，為金，故有「玉鉉」之象。「食以烹而出鼎為用」，故鼎極非凶反吉。「上九」以陽爻居陰位，剛柔得到調節，就像堅硬又溫潤的玉，既有才能又謙遜溫和；它能輔佐「六五」完成鼎功大業，當然大吉，無往不利。

【智慧點津】此爻揭示君子剛柔並濟，才能鼎功大成。

【案例解讀】鍾南山領軍戰「非典」和「新冠」。鍾南山是中國工程院院士，「共和國勳章」獲得者。他出身醫學世家，溫文爾雅，敢醫敢言，悲憫蒼生。2003 年春天，一場突如其來的「非典型肺炎」洶湧而來，迅速波及全國大多數省份，令人始料未及。他向廣東省衛生廳主動請纓，帶頭組織多方協作，努力探尋發病源頭，並經過摸索果斷地提出有效的治療方案。2020 年初，當「新冠」肺炎病毒肆虐、蔓延之時，他臨危不懼，再次掛帥親赴疫情第一線，多處實地調查，及時向公眾公布疫情，向中央建言實行嚴防嚴控，最終在大疫中拯救了中國。

51. 震卦第五十一——處變不驚

導讀：「泰山崩於前而色不變。」面對學生危難或突發事件，作為教育工作者，要從容應對，挺身而出。

卦體下震上震。震為雷，為動，為驚懼，象徵長子。兩震相重，有雷聲隆隆，萬物驚懼之象。「震」，本義指打雷撼動天地，卦義為動。本卦闡釋處變不驚之道。

51.1

震：亨。震來虩虩（xì）〔1〕，笑言啞啞〔2〕。震驚百里，不喪匕鬯（chàng）〔3〕。

【注釋】

〔1〕虩虩：恐懼貌。

〔2〕啞啞：和樂的樣子。

〔3〕匕鬯：代指宗廟祭祀。匕，勺子。鬯，用黍米和鬱金香草釀成的酒，用以祭祀上帝。

【譯文】

《震》卦象徵雷聲的震動：亨通。當驚雷襲來之時，人們心驚膽戰，然而君子戒懼慎行遂能談笑自若。即使雷聲從百里之外傳來，主管祭祀的人也不會丟掉手中的酒匙。

【解說】

震為動，二震相合，由此動而生彼動，由彼動而生此動，動而通暢，必然亨通。人們待人接物如能戒慎在先，才能不懼在後，故先「震來虩虩」，而後才「笑言啞啞」。「震驚百里」，說明雷聲威猛，一般人畏懼而不知所措；只有主持宗廟祭祀，肩負重責大任的祭主，才能鎮定自若，「不喪匕鬯」。

51.2

《象》曰：震，「亨」。「震來虩虩」，恐致福也。「笑言啞啞」，後有則也。「震驚百里」，驚遠而懼邇也。（「不喪匕鬯」），出可以守宗廟社稷〔1〕，以為祭主也。

【注釋】

〔1〕社稷：古代稱土地之神為社，穀物之神為稷，或指它們的祭壇。社稷是國家的象徵。

【譯文】

《象傳》說：震動，會帶來「亨通」。「驚雷襲來，人們心驚膽戰」，是說戒懼慎行可以獲得福澤。「震後談笑自若」，是說今後對這些事情擁有做事法則。「雷聲震驚百里」，是說驚動遠方的人而使附近的人心存恐懼。（這種「不喪匕鬯」臨危不亂的人），出任國君，就可以守護宗廟國家，擔任祭祀的主持者。

51.3

《象》曰：洊（jiàn）雷〔1〕，震。君子以恐懼修省〔2〕。

【注釋】

〔1〕洊：再，接連。〔2〕省：反省。

【譯文】

《大象傳》說：震聲接連轟響，象徵著震動。君子效法此象，心存恐懼，不斷修身反省自己。

【解說】

上下都為震卦，震雷接連不斷傳來，有威震之象。教育工作者從中得到啟示，要不斷以恐懼之心遵紀守法，不踩紅線，不碰高壓線，自覺做好本職工作。

51.4

初九：震來虩虩（xì）〔1〕，後笑言啞啞〔2〕，吉。

《象》曰：「震來虩虩」，恐致福也。「笑言啞啞」，後有則也。

【注釋】

〔1〕虩虩：恐懼的樣子。

〔2〕啞啞：和樂的樣子。

【譯文】

初九：雷電襲來，人們心驚膽戰，隨後談笑自若，吉祥。

《小象傳》說：「雷電襲來，人們心驚膽戰」，說明戒懼慎行能帶來福澤。「震後談笑自若」，說明今後對這些事情擁有做事法則。

【解說】

「初九」以陽爻居陽位得正，是下卦的主爻，也是震卦的開始。當震驚來臨，他能戒慎恐懼，繼而反身修己，使以後得福，所以吉祥。

【智慧點津】此爻揭示遭受震驚，只有戒懼於前，才能安然於後。

【案例解讀】<u>沈家良講公開課遊刃有餘</u>。沈家良是湖北省中學語文特級教師，首屆湖北名師工作室主持人，仙桃市偉才國際實驗小學校長，出版《滄海一粟》《播種希望》等教育學專著，經常受邀出外講學。他自述初次講公開課時，有點緊張，生怕「砸鍋」；但經過磨礪後，已習以為常。「公開課是教師成長的重要平臺，只有經過反覆研討、『磨課』、試講、修改，最終亮相才會鎮定自若，左右逢源。」他常如是告誡年輕同仁。

51.5

六二：震來厲，億喪貝〔1〕，躋（jī）於九陵〔2〕，勿逐，七日得。

《象》曰：「震來厲」，乘剛也。

【注釋】

〔1〕億：大。貝：古代貨幣。

〔2〕躋：登。九陵：形容極高的山陵。

【譯文】

六二：震動驟至，有危險，大大地喪失財物，應當登於高山以遠避，不要去尋找，七天後將失而復得。

《小象傳》說：「震動驟至，有危險」，是因為「六二」柔弱卻偏乘凌在「初九」陽剛之上。

【解說】

上交互卦為坎，坎為險陷，為隱伏，引申為強盜；若「六二」發生爻變，則下交互卦變為離卦，離為貝殼，故有「喪貝」之象。又下卦為震，震為足，為動；下交互卦為艮，艮為山，所以又有「躋於九陵」之象。「六二」陰柔，在「初九」陽剛的正上方，所以說「乘剛」。「初九」是震驚的主體，當震驚來臨時，「六二」首當其衝，最危險，以致喪失很多家財，逃往很高的山陵上去避難。不過，「六二」以陰爻居陰位，柔順中正，因而，喪失的財物，不必去追尋，很快就會失而復得。

【智慧點津】此爻揭示遭受震驚，堅守中正會失而復得。

【案例解讀】「可樂男孩」薛梟樂觀出險。2008 年 5 月 12 日汶川大地震中，薛梟被困廢墟 80 個小時。5 月 15 日晚 11 時，薛梟身上的預製板終於被移開，他被救出來後的第一句話是：「叔叔，我要喝可樂，冰凍的。」這位 18 歲的男孩薛梟，被人們親切地稱呼「可樂男孩」。他因堅定樂觀而得以存活，也「逗樂了悲傷的中國」。儘管，他因為右臂傷情嚴重而截肢，但他「可樂人生」，5 年後終於成為可口可樂博物館館長。

51.6

六三：震蘇蘇〔1〕，震行无眚（shěng）〔2〕。
《象》曰：「震蘇蘇」，位不當也。

【注釋】
〔1〕蘇蘇：恐懼不安。
〔2〕眚：災禍。

【譯文】
六三：震動之時恐懼不安，因震動而謹慎前行將沒有災害。
《小象傳》說：「震動之時恐懼不安」，是因為「六三」居位不恰當。

【解說】
上交互卦為坎，坎為險陷，為災眚；如果「六三」由陰爻變為陽爻，就當位得正，故有「无眚」之象。「六三」以陰爻居陽位，不中不正，因而，當地震來臨時，內心惶恐不安。但如果因恐懼而能改過遷善，仍不會有災難。

【智慧點津】此爻揭示遭受震驚，戒懼反省即可遠禍避難。

【案例解讀】穆亞東調整心態圓夢狀元。據東方網 2001 年 1 月 16 日消息：著名心理學家、高考研究專家王極盛教授通過對 2000 年全國 74 位北大清華高考狀元的調查研究認為，考前和考場心態是學生能否發揮自己實力的最重要因素。從心理上戰勝高考，可以說高考就成功了一半，這是 74 位高考狀元的共識。河南省 2000 年理科狀元穆亞東有這樣的經驗：「1999 年，我參

加了高考，7月6日晚上沒有休息好，第二天考作文時腦子發懵，心想考北大是完了，後來一門比一門考得差。去年高考我調整了心態，心想我緊張，別人也緊張，我有失誤，別人也有失誤，只要把自己的水平發揮出來，我就會考好。」

51.7

九四：震遂泥〔1〕。

《象》曰：「震遂泥」，未光也。

【注釋】

〔1〕遂：通「墜」，墜落。

【譯文】

九四：震動之時因驚慌失措而陷入泥潭。

《小象傳》說：「震動之時因驚慌失措而陷入泥潭」，說明「九四」的陽剛之德沒能發揚廣大。

【解說】

「九四」處坎體，坎為險，為泥；震為動，為行，故說「震遂泥」。「九四」以陽爻居陰位，不中不正，上下又陷四陰爻泥濘包圍之中；因而力量薄弱，好比受雷震驚嚇而墜落泥潭，無力自拔。此時，它只有心地光明，修德從善，不折不撓，才會走出困境。

【智慧點津】此爻揭示遭受震驚，應該意志堅定。

【案例解讀】華羅庚身殘志堅寫傳奇。華羅庚是我國著名數學家，初中畢業後，他用5年時間自學完高中和大學低年級的全部數學課程。19歲時，他不幸染上傷寒病，落下左腿終身殘疾，走路極其費力。在逆境中，他頑強地和命運抗爭，誓言：「我要用健全的頭腦，代替不健全的雙腿！」20歲時，他以一篇論文轟動數學界，被清華大學請去工作。此外，他還邊工作邊學習，自學了英、法、德文、日文，並先後在國外雜誌上發表了多篇論文，艱難地寫出了名著《堆壘素數論》。

51.8

六五：震往來，厲。億無喪〔1〕，有事〔2〕。

《象》曰：「震往來，厲」，危行也。其事在中，大無喪也。

【注釋】

〔1〕億：大。

〔2〕有事：祭祀。

【譯文】

六五：震動不斷襲來，有危險。沒有大的損失，可以長久地保持祭祀宗廟社稷的權力。

《小象傳》說：「震動不斷襲來，有危險」，要心存危懼前行。「六五」謀事能堅守中道，不會有太大的損失。

【解說】

「六五」以陰爻居陽位不正，當地震來時，上走遇陰為敵，下行又乘剛有失，而且還跟「六二」無應，加之還處重震之上；因而，往來都有危險。不過，「六五」在上卦得中位尊，能夠慎守中道，主持祭祀，「不喪匕鬯」，雖然遭遇重大事故，但不會危及江山。

【智慧點津】此爻揭示遭受震驚，堅持中正，小心無礙。

【案例解讀】李小雙「團三周」奪冠。李小雙兩次奪得奧運會世界冠軍，被稱為新一代「體操王子」。1992 年巴塞羅納奧運會，男子自由體操決賽中，在隊友接連失利的情況下，中國隊只能依靠李小雙奪得這個項目的金牌。李小雙也意識到，如果他想贏得這塊金牌，必須提高自己的難度係數。這時，他大膽地選擇了當時自由體操史上最危險、最困難的動作——「團身後空翻三周」，並最終以 9.925 的高分震驚了整個世界，奪取了奧運金牌。

51.9

上六：震索索〔1〕，視矍矍（jué）〔2〕，征凶。震不於其躬〔3〕，於其鄰〔4〕，无咎，婚媾（gòu）有言〔4〕。

《象》曰：「震索索」，中未得也。雖「凶」「无咎」，畏鄰戒也。

【注釋】

〔1〕索索：哆嗦的樣子。

〔2〕矍矍：視線不安定。

〔3〕躬：自身。鄰：「六五」。

〔4〕婚媾：結婚，這裡指陰陽相合。言：斥責。

【譯文】

上六：震動之時瑟瑟發抖，兩目惶恐不安，若行動會有兇險。震動還沒波及自身而僅及於近鄰時，就預先戒備，沒有災禍，此時謀求結婚將遭受責備。

《小象傳》說：「震動之時瑟瑟發抖」，說明「上六」未能秉守中道。雖然兇險沒遭災禍，是因為畏懼近鄰所受的震驚而心存戒備之故。

【解說】

若「上六」發生爻變，則上卦變為離卦，離為目，故有「視矍矍」之象。「上六」以陰爻居震極，有驚恐至極，無所安適之象。它不中不正，和「六三」又無應，以致當雷聲震動時，雙腿發抖，雙眼惶恐四顧。這時，謀求婚配，難免會受到指責；如果貿然行動，必然危險。然而，「上六」畢竟居位得正，具有柔順之德。當地震發生在鄰近，若它能夠根據鄰居的災禍而有所畏懼警戒，就會有驚無險。

【智慧點津】此爻揭示他處遭受震驚，戒懼自省即可有備無患。

【案例解讀】中小學生安全警示教育片《孩子，路上小心》。據滄州交警2020年9月25日報導，海口交警支隊近日精心製作了中小學生交通安全警示教育片——《孩子，路上小心》。該片為我們講述了發生在校園內、外多起真實的學生交通事故案例，用以警示監護人、學校、校車駕駛人要盡到看護、照管的職責，引導學生自身樹立交通安全意識，養成良好的交通出行習慣，安全文明出行。「震不於其躬，於其鄰」，我們只有引以為戒，警鐘長鳴，才會「无咎」。

52. 艮（gèn）卦第五十二——適可而止

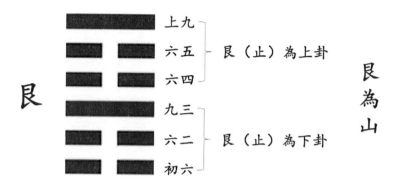

上九 ┐
六五 ├ 艮（止）為上卦
六四 ┘

九三 ┐
六二 ├ 艮（止）為下卦
初六 ┘

艮

艮為山

導讀：「一個人的成長，是從自我克制開始的。」作為教育工作者，要嚴於律己，「淡泊以明志」，止所當止，「寧靜以致遠」。

卦體下艮上艮。艮為山，兩山重疊，有停止之象。「艮」，本義指回望怒視；卦義為止，有靜止、停止、阻止諸義。君子當行則行，當止則止，動靜得宜。本卦闡述適可而止之道。

52.1

艮：艮其背，不獲其身。行其庭〔1〕，不見其人，无咎〔2〕。

【注釋】

〔1〕庭：庭院。

〔2〕咎：災禍。

【譯文】

《艮》卦象徵抑止：抑止於背部，就看不見自身。好像一個人在庭院裏自如地行走，沒看見背後的人，沒有災禍。

【解說】

背部是人的身體，最不容易動的靜止部分。背部靜止，身體就是想動，也不能動。一個人內心寧靜，就會達到「不見可欲，使心不亂」物我兩忘的境界。即使走過有人的庭院，也不會覺得有人存在。君子能夠如此適可而止，當然不會有災難。

52.2

《彖》曰：艮，止也。時止則止，時行則行，動靜不失其時，其道

光明。艮其止，止其所也。上下敵應〔1〕，不相與也，是以「不獲其身，行其庭，不見其人，无咎」也。

【注釋】

〔1〕上下敵應：指「初六」和「六四」、「六二」和「六五」、「九三」和「上九」都同性相斥。

【譯文】

《彖傳》說：艮，就是停止。君子該停止的時候就停止，該行動的時候就行動，動靜都能適時，這樣他的前途就會光輝燦爛。艮卦所說的停止，是停止於該停止的地方。卦中六爻都上下同性相斥，不能親近互助，所以卦辭說「看不見自身，好像一個人在庭院裏自如地行走，沒看見背後的人，沒有災禍」。

52.3

《象》曰：兼山，艮。君子以思不出其位〔1〕。

【注釋】

〔1〕位：本位。

【譯文】

《大象傳》說：兩座山重疊在一起，象徵著抑止。君子效法此象，思考問題不可超越自己的本位。

【解說】

兩座層巒高山，有抑止私欲之象。教育工作者從中得到啟示，要履行本職工作，安於教書育人。同時，自己的言行應符合教師的身份，不違背教師職業道德規範。

52.4

初六：艮其趾〔1〕，无咎〔2〕，利永貞。

《象》曰：「艮其趾」，未失正也。

【注釋】

〔1〕趾：腳趾。

〔2〕咎：災禍。

【譯文】

初六：抑止在腳趾邁出之前，沒有災禍，有利於長久堅守正道。

《小象傳》說：「抑止在腳趾邁出之前」，說明「初六」沒有失去正道。

【解說】

按照易例取象，初爻一般為人足部位，故有「趾」之象。「初六」在最下位，相當於腳趾。人在行動的時候，腳趾最先動；所以，使腳趾停止，行動就在沒有發生之前停止，沒有災難。「初六」以陰爻居陽位失正，有急躁向上之象，但其上與「六四」無應，所以未行先止。「初六」又柔弱無力，可能不能長久堅守中正之道；因而爻辭告誡它，一定要貞固到底，不半途而廢，才能永遠沒有災禍。

【智慧點津】此爻揭示事前止於當止，守正無災。

【案例解讀】李長志：「心臟病問卷調查」。李長志是江蘇省體育特級教師，全國優秀教師，現供職於常州市金壇區教育局。以前，第一次上體育課時，他總是先向家長發放「心臟病問卷調查表」，如果誰有此病，課中他就不會讓他（她）跑步或做劇烈運動，以免發生傷亡事故。「慎厥終，惟其始」，如此「艮其趾，未失正」，當然「无咎」。

52.5

六二：艮其腓（féi）〔1〕，不拯其隨〔2〕，其心不快。

《象》曰：「不拯其隨」，未退聽也。

【注釋】

〔1〕腓：腿肚子。

〔2〕拯：上舉，抬起。

【譯文】

六二：抑止小腿的行動，不能抬腳而勉強追隨其上的「九三」，心裏感到不快。

《小象傳》說：「不能抬腳而勉強追隨『九三』，這是因為「九三」不能退下來聽從抑止的意見。

【解說】

若「六二」發生爻變，則下卦變為巽卦，巽為股（大腿）；下卦為艮，艮為停止，故有「艮其腓，不拯其隨」之象。又下交互卦為坎，坎為憂愁，為耳朵，所以又有「其心不快」和「未退聽」之象。「六二」以陰爻居陰位，有柔順中正之德；它在下卦中位，相當於腿肚，腿肚行動由「九三」大腿所控制。「六二」才質柔弱，本欲停止，但它受制於「九三」而動，因而勸告「九三」，但「九三」剛愎自用，所以「六二」不得不勉強追隨，以致悶悶不樂。

【智慧點津】此爻揭示應止不止，勉強追隨他人，不會愉快。

【案例解讀】教師拖堂引發學生不滿，「課間 10 分鐘」不容侵佔。據央廣網 2019 年 6 月 17 日載：近日，浙江省紹興市第一中學因為縮短晚自習課前的休息時間，引發學生的強烈不滿。據媒體報導，學生在校園內張貼了兩封致學校領導的公開信，其中一封「向學校提出嚴正抗議」。筆者以為，這種「縮短晚自習課前的休息時間」在中小學校只是個別現象，但是，中小學生的「課間十分鐘」常常被侵佔以至於有名無實，卻是司空見慣。侵佔學生的「課間十分鐘」，既可能傷害學生的身心，又可能降低教學的效益，還可能埋下各種安全隱患、破壞師生關係，可謂弊端甚多。學生如同「六二」，教師如同「九三」，學生的一舉一動都受制於教師，此時他們可以說是「艮其腓，不拯其隨，其心不快」。

52.6

九三：艮其限〔1〕，列其夤（yín）〔2〕，厲薰心。

《象》曰：「艮其限」，危薰心也。

【注釋】

〔1〕限：界限，人體上下的界限，在腰部。

〔2〕列：通「裂」，斷裂。夤：脊背的肉。

【譯文】

九三：抑止他的腰，斷裂脊背的肉，危險就像烈火一樣燒灼他的心。

《小象傳》說：「抑止他的腰」，是說危險像烈火一樣燒灼他的心。

【解說】

限在人體上下的中間部位，「九三」正位於上下卦的分界部分，相當於腰。它既處於上交互卦震之中，震為足，為行動；又處於下卦艮之中，艮為手，為停止，一個要進，一個要拉，進退兩難，故有「列其夤」之象。此外，上面四個爻組成大離卦，離為火；下交互卦為坎，坎為加憂，為心病，所以又有「厲薰心」之象。「九三」以陽爻居陽位，過剛不中，橫暴的停止在腰部，使腰不能自由屈伸，以至脊肉斷裂，脫離上下四陰，危險如烈火薰烤其心。

【智慧點津】此爻揭示停止不當，禍患無窮。

【案例解讀】校門口亂停車危及學生安全。據《齊魯晚報》2019年3月18日報導：近日不斷有市民反映，在勝利第二小學南門西側路口，即影視街與勝泰路十字路口，交通違法現象頻出，例如機動車亂停、小商販聚集、交通信號燈成擺設等。這些微小的交通違法行為，如「艮其限，列其夤，厲薰心」，不僅為市民的出行帶來不便，更威脅著學生的安全，令老師和家長十分擔憂。

52.7

六四：艮其身，无咎。

《象》曰：「艮其身」，止諸躬也〔1〕。

【注釋】

〔1〕諸：之於。躬：身體，自身。

【譯文】

六四：抑止上身不妄動，沒有災禍。

《小象傳》說：「抑止上身不妄動」，說明「六四」能恰當地控制自己。

【解說】

「六四」相當於腰以上的身體部分，有身背之象。同時，它發生爻變，那麼上卦就變為離卦，離為大腹，引申為有身孕、身體，故說「艮其身」。「六四」保持靜止，那麼全身就不會妄動，內心就不會妄求。它以陰爻居陰位得正，因而能夠抑制各種私欲，安守本分，行止有度，進退由心，控制全身恰到好處，所以沒有災難。

【智慧點津】此爻揭示應當自我克制，適可而止。

【案例解讀】<u>許衡「不食無主之梨」</u>。許衡是金末元初著名思想家、教育家。一年盛夏，他與很多人一起逃難，在經過河陽時，由於長途跋涉，加之天氣炎熱，所有人都感到饑渴難耐。這時，有人突然發現路邊剛好有一棵大大的梨樹，梨樹上結滿了清甜的梨子。於是，大家都爭先恐後地爬上樹去摘梨吃，唯獨許衡一個人端正坐於樹下，不為所動。眾人覺得奇怪，有人問他：「你為何不去摘個梨來解解渴呢？」許衡回答說：「不是自己的梨，豈能亂摘！」那人又說：「現在時局如此之亂，大家都各自逃難，眼前這棵梨樹的主人恐怕早已不在，你又何必介意？」許衡正色道：「梨樹失去了主人，難道我的心也沒有主人了嗎？」許衡「艮其身」，始終沒有摘梨，足以看出他的自律。

52.8

六五：艮其輔〔1〕，言有序，悔亡。

《象》曰：「艮其輔」，以中正也。

【注釋】

〔1〕輔：兩頰，這裡指嘴巴。

【譯文】

六五：抑止其口，說話中肯而有條理，悔恨就會消失。

《小象傳》說：「抑止其口」，說明「六五」能堅守中正之道。

【解說】

　　上卦為艮，艮為山；上交互卦為震，震為雷，兩者構成山雷頤。頤為口福，引申為口德，即用口說話不中傷他人，故有「言有序」之象。「六五」以陰爻居陽位不正，應當有後悔；但它因處上卦中位，能夠持守中正，所以說話中肯而有條理，使擔心的後悔消除。抑止其口，意在不妄說，而是當說則說，不當說則不說。

【智慧點津】此爻揭示言語適可而止，可以避免禍從口出。

【案例解讀】<u>教師發表錯誤言論被處分</u>。眾所周知，教師肩負著教書育人的神聖職責，他們理應為人師表，以身作則，成為學生的表率，同時，教育學生樹立正確的人生觀，引領他們成為一個品學兼優的人才。雖然每個人都有言論自由的權利，但是言論自由不等於不負責任地亂說、胡說。近年來，有少數教授因為口無遮攔、大放厥詞而被學校開除或解聘。如中國社會科學院文法學院女教師周某某就在朋友圈發表過激言論而被校方解聘，上海震旦職業學院教師宋某某公然質疑南京大屠殺遇難者人數被開除，四川大學某外教因在社交媒體上發表不實及種族主義言論被解聘並限期出境……「口無擇言，身無擇行」，作為教師只有謹言慎行，「艮其輔，言有序」，才會「悔亡」。

52.9

　　上九：敦艮〔1〕，吉。

　　《象》曰：「敦艮之吉」，以厚終也。

【注釋】

　〔1〕敦：敦厚，篤實。

【譯文】

　　上九：以敦厚、篤實的品德抑止私欲，吉祥。

　　《小象傳》說：「以敦厚、篤實的品德抑止私欲，吉祥」，說明「上九」能夠將敦厚、篤實的德行保持至終。

【解說】

　　艮為山，艮卦上下皆山，山體厚實，故說「敦艮」「厚終」。「上九」居於艮卦之極，有抑止到極點之象。「上九」雖然以陽爻居陰位不正，但它能陽剛敦厚，克制私欲，將「止道」貫徹始終，達到至善的境界，所以能夠獲得吉祥。「靡不有初，鮮克有終」，人們幹事立業只有堅持到底，才能永遠笑到最後。

【智慧點津】此爻揭示停止的最高境界在止於至善，善始善終。

【案例解讀】<u>吳玉章一生做好事</u>。吳玉章是我國傑出的無產階級革命家、教育家、新中國高等教育的開拓者。他一生堅持革命，堅持辦教育，堅持「做好事」，為新中國培養了最早一批政治、經濟、文化建設人才。在其 60 壽誕之際，毛主席在祝詞中稱他道：「一個人做點好事並不難，難的是一輩子做好事，不做壞事，一貫地有益於廣大群眾，一貫地有益於青年，一貫地有益於革命，艱苦奮鬥幾十年如一日，這才是最難最難的呵！」

53. 漸卦第五十三——循序漸進

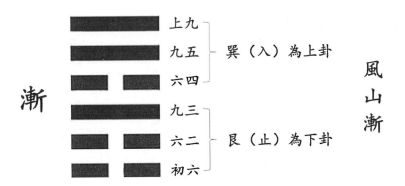

　　導讀：「十年樹木，百年樹人。」作為教育工作者，只有腳踏實地，一步一個腳印，才能逐步達到預定的教育教學目標。

　　卦體下艮上巽。巽為木，艮為山，山上有木，逐漸成長，緩緩增高之象。「漸」，本義指多步驟分流治水；卦義為進，指循序漸進，逐步發展。本卦闡述事物漸進之道。

53.1

漸：女歸 [1]，吉。利貞 [2]。

【注釋】

〔1〕歸：出嫁。

〔2〕貞：守正。

【譯文】

《漸》卦象徵循序漸進：女子出嫁依禮逐步進行，吉祥。有利於堅守正道。

【解說】

天下萬事萬物的發展都是循序漸進的，如同女子出嫁，要漸次遵循一切婚嫁的禮節，守持正道，才能獲得吉祥。中國古代婚俗就有「六禮」（納采、問名、納吉、納徵、請期、親迎）之說。本卦從「六二」到「九五」，各爻都得正，象徵出嫁的女子品德純正，自然吉祥；但這一純正，必須堅持，才會有利。

53.2

《彖》曰：漸之進也，「女歸，吉」也。進得位，往有功也。進以正，可以正邦也。其位，剛得中 [1] 也。止而巽 [2]，動不窮也。

【注釋】

〔1〕剛得中：指「九五」陽爻居於上卦中位。

〔2〕止而巽：漸卦下卦為艮，為止；上卦為巽，為入，故言「止而巽」。

【譯文】

《彖傳》說：漸，就是逐漸前進，「女子依照六禮逐步出嫁就吉祥」。君子漸進而獲得適當的地位，是說前往有功效。漸進遵循正道，就可以端正邦國。「九五」能漸進君位，是因為其具有陽剛中正之德。漸進之道應該像「艮山」停止一樣，沉靜不躁，又如「巽風」柔和一般，謙遜和順，那麼行事永不困窮。

53.3

《象》曰：山上有木，漸。君子以居賢德善俗 [1]。

【注釋】

〔1〕居：積累。善俗：改良風俗。

【譯文】

《大象傳》說：高山上的樹木逐漸長高，象徵著循序漸進。君子效法此象，逐漸積累賢德，擔負起改善風俗的社會責任。

【解說】

山上的樹木是依山勢逐漸長高長大的，有生長漸進之象。教育工作者從中得到啟示，應當教育學生一步一步積累優良的品德，從而形成良好的學風、班風與校風。

53.4

初六：鴻漸於干〔1〕，小子厲〔2〕，有言〔3〕，无咎。

《象》曰：「小子」之「厲」，義无咎也。

【注釋】

〔1〕鴻：大雁。干：水邊。

〔2〕小子：小孩。厲：危險。

〔3〕言：責備。

【譯文】

初六：大雁慢慢飛行停歇在水邊，年幼無知小孩靠近有危險，應該加以責備，則沒有災禍。

《小象傳》說：「年幼無知的孩子近水有危險」，因為有家長呵責制止，理應不會出事故。

【解說】

大雁飛行井然有序，北回南歸有信，對配偶忠貞不渝，加之形態優美，所以本卦諸爻皆以「鴻」取象。鴻雁飛行又依次經歷水邊、磐石、小山陸、山木、山陵、大山陸，由低到高，由近到遠，故六爻又以鴻雁設喻立義。上爻互卦為離，離為雉雞，引申為雛雁；下爻互卦為坎，坎為水，為險；下卦為艮，

艮為少男;「初六」上臨「坎」水,故有「鴻漸於干,小子厲」之象。「初六」處漸卦之始,以陰爻居陽位不正,又柔弱卑下,加之上方和「六四」敵應無援,因此能夠做到漸進不躁,沒有任何咎害。

【智慧點津】此爻揭示漸進要量力而行。

【案例解讀】<u>愛迪生發明電燈泡</u>。愛迪生是世界著名發明家,一生有二千多項發明。他為發明電燈曾試驗過一千多種燈絲,每次失敗後,他從不氣餒。當有人嘲笑時,他卻自豪地說:「不,我沒有失敗,俺的成就是發現一千多種材料不適合做燈絲。」在嘗試了超過六千多次的實驗後,工夫不負有心人,他最終發現了鎢絲可以作為電燈材料,給人類帶來了光明。由此可見,在追逐夢想的過程中,一個人只有持之以恆,腳踏實地,不在乎他人的誤解和譏諷,才會到達勝利的彼岸。

53.5

六二:鴻漸於磐〔1〕,飲食衎衎(kàn)〔2〕,吉。
《象》曰:「飲食衎衎」,不素飽也〔3〕。

【注釋】

〔1〕磐:大石。

〔2〕衎衎:喜悅。

〔3〕素飽:不勞而食。

【譯文】

六二:大雁逐漸飛到安穩的磐石上,飲食和樂,吉祥。
《小象傳》說:「飲食和樂」,說明君子自食其力,決不是白吃白喝。

【解說】

下卦為艮,艮為山,為石;下交互卦為坎,坎為水,引申為酒水;若「六二」發生爻變,則下交互卦變為兌卦,兌為口,為悅,故有「磐」和「飲食衎衎」之象。「六二」以陰爻居陰位,柔順中正,既近承「九三」,又與上方的「九五」遠應,可以說是漸進到安穩的磐石上,可以安然自得地享受飲食。

但「六二」之臣面對「九五」之君賜給的俸祿，並不是尸位素餐，而是中正輔佐，當然其地位安定，所以吉祥。

【智慧點津】此爻揭示漸進要中正，穩當踏實。

【案例解讀】朱熹「循序漸進」讀書。朱熹是南宋著名哲學家、教育家，其在《讀書之要》中說：「或問讀書之法，其用力也奈何，曰：『循序而漸進。』」何謂「循序漸進」？他做了詳盡的解釋：以兩本書而言，「通一書而後及一書」，以一本書而言，則「其篇章文句首尾次第，亦各有序而不可亂」。他又說：「沒有弄通前面的不能弄通後面，沒有弄通此處，便不要想弄通彼處。……人們都想得到高深的學問，卻不知不從底層的基礎打起，是無法獲得高深學問的。」朱熹之所以成為一代名家，就是因為他讀書時選定一個目標，由淺入深，從最簡單的書讀起，讀通一本然後再讀另一本。

53.6

九三：鴻漸於陸〔1〕，夫征不復〔2〕，婦孕不育，凶。利禦寇。
《象》曰：「夫征不復」，離群醜也〔3〕。「婦孕不育」，失其道也。「利用禦寇」，順相保也。

【注釋】

〔1〕陸：高平之地。

〔2〕復：返回。

〔3〕醜：同類，同伴。

【譯文】

九三：大雁慢慢飛行停歇在高平之地，好比丈夫遠征而不復還，他的妻子失貞懷孕而不能養育，有兇險。但卻有利於以剛強抵禦外面的強寇。

《小象傳》說：「丈夫遠征而不復還」，是說他離群而去了。「他的妻子失貞懷孕而不能養育」，因為違反了婦道。「有利於以剛強抵禦外面的強寇」，說明應當順從需要以互相保衛。

【解說】

下卦為艮，艮為山，「九三」居於下卦山之巔，故言「陸」。「九三」陽爻為夫，「六四」陰爻為婦，上交互卦為離，離卦卦形中虛為大腹，故有「婦孕不育」之象。又離為戈兵；下交互卦為坎，坎為強盜，所以又有「利禦寇」之象。「九三」以陽爻居陽位，雖然居位得正，但是處位不中，因而有剛躁冒進之象。它往上征服「六四」，不再往下眷顧「初六」和「六二」，所謂「夫征不復，離群醜也」。「九三」與「上九」敵應，只好與「六四」之婦苟合。因為兩者是不正常的婚姻，所以懷孕生下的嬰兒，不能養育，有兇險。不過，「九三」只要堅守正道，以剛強抵禦外敵，保護二陰有利。

【智慧點津】此爻揭示漸進應穩妥而踏實，不可貪功冒進。

【案例解讀】<u>幼兒園「小學化」現象的調查通報</u>。據九派新聞 2021 年 12 月 31 日報導：2021 年 12 月 15 日和 12 月 20 日，通山縣教育局分別接到家長電話舉報，東城幼兒園和苗苗金色花園幼兒園大班有「小學化」現象，針對以上問題，該局迅速組織工作人員分別對以上幼兒園的辦學行為等情況進行了突擊檢查，現將有關情況通報如下：經調查，發現為了迎合家長的需求，東城幼兒園對大班、中班開展拼音、認字、數學、背書等內容的教學；苗苗金色花園幼兒園對大班、中班、小班開展拼音、數學、認字、背書等內容的教學，特別是小班，還開展了內容較難的試卷測試。以上兩個幼兒園在教育教學工作中，存在嚴重的「小學化」傾向，隨後，教育局根據相關文件精神，對他們分別進行了嚴肅的處理。筆者認為，幼兒園「小學化」，嚴重違背了幼兒身心成長規律，如揠苗助長，「欲速則不達」。

53.7

六四：鴻漸於木，或得其桷（jué）〔1〕，无咎。

《象》曰：「或得其桷」，順以巽也。

【注釋】

〔1〕桷：像方形椽子一樣的樹枝。

【譯文】

六四：大雁逐漸飛行停歇在樹上，或許能找到較平的枝杈得以棲息，這樣就沒有災禍。

《小象傳》說：「或許能尋找到較平的枝杈得以棲息」，說明「六四」柔順和謙遜。

【解說】

上卦為巽，巽為木，故言「桷」。巽又為風，為入，為順，故又說「順以巽也」。「六四」柔居柔位，柔順中正，上承「九五」尊爻，雖然處於多懼之地，卻能漸進不躁，仍然能找到安穩的樹枝棲息，所有沒有災難。

【智慧點津】此爻揭示漸進應隨機應變，才能安全。

【案例解讀】賈志敏巧妙引導「姆」組詞。已故上海市著名小學語文特級教師賈志敏有一次上課時，讓學生給「姆」組詞，某個學生說：「養母」的「母」，引起了哄堂大笑。可是賈老師微笑著示意學生安靜下來：「你們別急，他沒說錯，只是沒說完！」接著又轉向那位學生，說：「你說得對的，是『養母』的『母』……」學生連忙說：「是『養母』的『母』加上一個女字旁，就是『保姆』的『姆』了。」這一充滿愛心、巧妙的點撥，既維護了學生的自尊，又化解了課堂中的尷尬，保證了課堂的和諧進展，還體現了教師教學的機智，真可謂「或得其桷，无咎」。

53.8

九五：鴻漸於陵，婦三歲不孕，終莫之勝〔1〕，吉。
《象》曰：「終莫之勝，吉」，得所願也。

【注釋】

〔1〕勝：勝過，取代。莫之勝，是說沒有人能阻隔他們結合。

【譯文】

九五：鴻雁慢慢飛行停歇在高陵上，就像丈夫遠出在外，妻子多年沒有懷孕；最終沒有誰能阻止他們陰陽結合，吉祥。

《小象傳》說：「最終沒有誰能阻止他們陰陽結合，吉祥」，說明「九五」實現了夫婦團聚的願望。

【解說】

下卦為艮，艮為山；上卦為巽，巽為風，為高，故言「陵」。又巽為長女，為不果，即不結果實，引申為不孕，從「六二」到「九五」需要經過三個爻位，故說「婦三歲不孕」。「九五」以陽爻居陽位，中正處尊，相當於高陵。它雖然與「六二」相應，但中間有「九三」與「六四」阻擋，以致三年都沒有懷孕。不過，兩者畢竟是正當的配偶，經歷千山萬水，終會得以團圓，因而吉利。

【智慧點津】此爻揭示漸進要逐步突破障礙，才能達到目標。

【案例解讀】二萬五千里長征的勝利。1934 年 10 月，中央工農紅軍主力為擺脫國民黨軍隊的包圍追擊，被迫實行戰略撤退和轉移，進行長征。他們從江西瑞金出發，一路爬雪山、過草地、啃樹皮、嚼菜根……行程二萬餘里，擊潰國民黨數百個團，最後於 1936 年 10 月在甘肅會寧勝利會師，「得所願也」。

53.9

上九：鴻漸於逵〔1〕，其羽可用為儀〔2〕，吉。
《象》曰：「其羽可用為儀，吉」，不可亂也。

【注釋】

〔1〕逵：天上的雲路。
〔2〕儀：儀禮，儀仗。

【譯文】

上九：大雁逐漸飛上了雲天，它的羽毛可以作為禮儀的裝飾品，吉祥。

《小象傳》說：「它的羽毛可以作為禮儀的裝飾品，吉祥」，說明「上九」高潔的志向沒有迷亂。

【解說】

上卦為巽，巽為風，為繩直，可引申為整齊和規範，故有「儀」之象。

「上九」處漸卦之極，漸道大成，堪稱楷模。此時，大雁展翅飛翔，緩慢飛到了雲天之上，如同一支雄壯威武的儀仗隊，令人嘆為觀止。同時，它的羽毛高潔華美，形態飄逸，可以用作禮儀裝飾物，非常吉祥。

【智慧點津】此爻揭示漸進的最高境界在進退由心，潔身自好。

【案例解讀】<u>汪金權扎根山區育桃李</u>。汪金權是「全國優秀教師」「全國教書育人楷模」。1987 年，華中師範大學畢業後，汪金權被分配到全國有名的黃岡中學任教。當無意中得知偏遠的蘄春四中很需要老師時，他義無反顧地申請調入。在這裡，他一待就是 23 年，任勞任怨，多年來無償資助貧困學生，被盛讚為「大別山師魂」，為我們廣大教師樹立了標杆——「其羽可用為儀」。

54. 歸妹卦第五十四——修德循禮

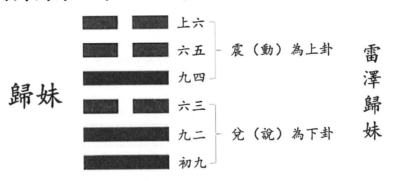

導讀：「欣賞一個人，始於顏值，敬於才華，合於性格，久於善良，終於人品。」作為教育工作者，要教育學生有理想，有追求，樹立正確的婚戀觀，從而找到自己人生的幸福和歸宿。

卦體下兌上震。震為雷，兌為澤，澤上有雷，雷震於上，澤隨而動；又震為長男，為動，兌為少女，為悅，有男女相悅而動（結合）之象。《歸妹》，卦義為嫁女。本卦闡釋妹妹陪嫁做妾，永終知弊的道理。

54.1

歸妹：征凶，無攸[1]利。

【注釋】

[1] 攸：所。

【譯文】

《歸妹》卦象徵嫁出少女：如果行為不正，前進會有兇險，沒有什麼好處。

【解說】

「歸」，原指女子出嫁。「妹」指少女。「歸妹」因少女和長男結合，故名。由於兩者年齡上不相配，而且女方歡喜主動向男方求愛，既顯得輕佻不自重，又違背了婚姻禮節；加之「九二、六三、九四、六五」四爻都不正，所以前進兇險，沒有任何利益。

54.2

《彖》曰：歸妹，天地之大義也。天地不交，而萬物不興。歸妹，人之終始也。說以動[1]，所歸妹也。「征凶」，位不當也。「无攸利」，柔乘剛也。

【注釋】

〔1〕說以動：歸妹卦下卦為兌，兌為說，「說」通「悅」，為喜悅；上卦為震，為動，
　　　故言「說以動」。

【譯文】

《彖傳》說：嫁出少女，這是天地間的大道理。天地陰陽不交合，萬物就不會繁殖興旺。嫁出少女，這是人倫的歸宿和開始。少女因一時歡喜而追隨長男行動，這就是歸妹卦。「盲目行動有兇險」，這是說中間四個爻都居位不當。「沒有什麼好處」，是因為卦中柔爻都欺凌居於剛爻之上。

54.3

《象》曰：澤上有雷，歸妹。君子以永終知敝[1]。

【注釋】

〔1〕敝：通「弊」，弊端。

【譯文】

《大象傳》說：水澤上雷聲轟鳴，象徵著少女出嫁。君子效法此象，夫婦應當永遠恩愛和諧，知道婚姻中有始無終的弊端。

【解說】

上卦為震，震為雷，為動，長男；下卦為兌，兌為澤，為悅，為少女；澤

上雷鳴，有少女歡悅而主動出嫁長男之象。這種婚姻男女之情勝過夫婦之義，可能難以維持長久。教育工作者從中得到啟示，應當長久和學生和睦相處，公正純潔，不要陷入「師生戀」的泥潭。

54.4

初九：歸妹以娣（dì）〔1〕，跛能履，征吉。
《象》曰：「歸妹以娣」，以恒也。「跛能履，吉」，相承也〔2〕。

【注釋】
〔1〕娣：古代以妹妹陪姐姐同嫁一夫，其妹之稱呼，相當於「妾」。〔2〕相承：相助。

【譯文】
初九：嫁女而將其妹妹一同陪嫁。就像跛腳而能行走，前往吉祥。
《小象傳》說：「嫁女而將其妹妹一同陪嫁」，這是古代貴族婚嫁的常規。「跛腳而能行走，前往吉祥」，是因為能幫助姐姐侍奉和輔佐丈夫。

【解說】
下卦為兌，兌為少女，為妾，故言「娣」。又初爻為足，兌為毀折，「初九」與「九四」所居的震體不相應，震為動，為行，故說「跛能履」。「初九」在歸妹卦的最下方，地位低，與上卦「九四」又沒有正當的相應；所以不是正妻，故為「娣」。妾身份卑賤，就像跛腳的人走路。不過，「初九」以陽爻居陽位，居位得正，象徵女子具有陽剛的德性，能夠輔佐和幫助丈夫，最終仍然吉祥。

【智慧點津】此爻揭示即使名位不當，只要堅守純正之德，仍然吉祥。

【案例解讀】實習生鄭夢圓愛崗敬業惹人愛。鄭夢圓畢業於湖北第二師範學院，2019 年在武漢光谷四小跟隨程芳名師實習。實習期間，她能尊敬師長，樂於助人，勤奮好學，尤其是能協助指導教師，處理好教育教學工作和其他管理事務，深受師生的尊敬和愛戴。這正如爻辭所言「歸妹以娣，跛能履，征吉」。

54.5

九二：眇能視〔1〕，利幽人之貞〔2〕。

《象》曰：「利幽人之貞」，未變常也。

【注釋】

〔1〕眇：一隻眼盲。〔2〕幽人：安靜、恬淡的人。

【譯文】

九二：瞎了一隻眼睛仍能看到東西，此時有利於安靜、恬淡的人堅守正道。

《小象傳》說「有利於安靜、恬淡的人堅守正道」，是因為「九二」沒有改變恒常的規則。

【解說】

下交互卦為離，離為目，為明；下卦為兌，兌為毀折，為澤，沼澤比較幽靜，故有「眇能視」和「幽人」之象。「九二」陽剛居中，如所嫁女子有賢德。它與上卦的「六五」相應，但是「六五」以陰爻居陽位不正，說明輔佐的夫君並非良配；因而，不能積極發揮內助的作用，就像瞎了一隻眼的人，所看範圍有限。不過，「九二」已經擁有剛毅賢淑的品質，它只要能夠持之以恆，堅守中正之道，最終一定能夠獲得吉祥。

【智慧點津】此爻揭示主人不良，應幽靜安恬，堅守己志。

【案例解讀】朱熹回鄉著書傳教。朱熹是南宋著名思想家、哲學家和教育家。宋孝宗時期，朝廷姦臣當道，朝政昏庸，他提出了很多改進國家社稷、整頓朝政的意見，但都沒有被採納。於是，他退而求其次，回到家鄉開始廣收學徒傳授知識，興辦書院，培養了許多有識之士。朱熹雖懷才不遇，但他潛心著書立說，將儒家思想提升到一個新的階段，為國家的教育事業作出了巨大貢獻，正是「眇能視」的最佳典型。

54.6

六三：歸妹以須〔1〕，反歸以娣。

《象》曰：「歸妹以須」，未當也。

【注釋】

〔1〕須：通「嬃」，姐姐。

【譯文】

六三：少女想冒充姐姐的地位嫁為正室，結果還是回來作為妹妹嫁做偏房。

《小象傳》說：「少女想冒充姐姐的地位嫁為正室」，這說明「六三」陰爻居陽位不正當。

【解說】

「六三」以陰爻居陽位，不中不正，因此徒生妄念，想以姐姐（嫡妻）的身份出嫁；同時，它乘剛於「初九」「九二」二陽之上，又倚仗自己是下卦「兌」的主爻，沉溺於喜悅而不知節制，欲輕佻追求於「九四」，但「九四」志在上承「六五」，對其不屑一顧。所以「六三」嫁不出去，一直在等待。不過，如果她回到家中，以妾的身份出嫁，就能夠嫁出去。

【智慧點津】此爻揭示做人應安守本分，才能肩負重任。

【案例解讀】張某「自考代考」被判刑。據澎湃政務 2019 年 11 月 13 報導：2016 年 2 月，考生祝某參加全國高等教育自學考試，便在網上搜索「自考代考」，並與一個中介聯繫上，中介稱能安排「槍手」幫她考試過關，高等數學考試一科 3000 元。祝某還發送了自己照片過去，很快中介稱已經找到替考人員。2016 年 4 月 17 日考試當天，替考女子張某按約定從廣州乘坐高鐵到了深圳，和她接上頭後，祝某將自己的准考證交給她，並約好考試考完出來後還在門口見面。張某進了考場後，監考老師發現了疑點並進行了核查，於是，張某才做了幾題就被帶到考務辦公室，一番盤問之後，張某如實承認了自己是個替考。監考老師報了警，張某被警方帶走並刑事拘留。經查，張某剛剛碩士畢業，為賺一點小錢而加入了「槍手」的隊伍。而在門口等候的祝某，久久不見張某出來，知道出事了，趕緊逃離，很快也被警方上門帶走。最後，祝某、張某均以代替考試罪，被判處拘役兩個月，緩刑三個月。

54.7

九四：歸妹愆（qiān）期〔1〕，遲歸有時。

《象》曰：「愆期」之志，有待而行也〔2〕。

【注釋】

〔1〕愆：過，過期。

〔2〕行：猶嫁也。

【譯文】

九四：少女出嫁延誤了婚期，遲嫁是想等待佳期。

《小象傳》說：「延誤婚期」的目的，是為了等待佳期出嫁到夫家。

【解說】

下交互卦為離，離為日，上交互卦為坎，坎為月，日月代表日期；下卦為兌，兌為毀折，故有「愆期」之象。「九四」以陽爻居陰位，在下卦沒有相應，因此就像是一個賢才女子，志向高潔，心有主見，不肯輕易許嫁，以致延誤婚期。不過，「九四」賢淑，雖然延遲，還是嫁得出去。

【智慧點津】此爻揭示婚姻延期終有美好的歸宿。

【案例解讀】長沙縣多名教師推遲婚禮支持疫情防控。據《瀟湘晨報》2020年1月27日報導：「非常抱歉地通知各位親友，為配合新型冠狀病毒肺炎防控工作需要，我們的婚宴延期舉行！向您表示我們深深地歉意。」近日，長沙縣盼盼第二小學教師廖某某在朋友圈發布了婚宴延期的消息。消息剛一發出，便收穫一大波祝福和點贊。據記者瞭解到，在長沙縣教師朋友圈裏，像這樣發布婚禮延期信息的不在少數。「等疫情結束，我們春暖花開時再辦！」婚禮延期，幸福不延期，這正是「愆期之志，有待而行也」。

54.8

六五：帝乙歸妹〔1〕，其君之袂〔2〕，不如其娣之袂良，月幾望〔3〕，吉。

《象》曰：「帝乙歸妹，不如其娣之袂良」也。其位在中，以貴行也。

【注釋】

〔1〕帝乙歸妹：商紂王之父將女嫁於周文王。

〔2〕君：女君，正夫人。袂：衣袖，這裡代指嫁妝。

〔3〕月幾望：接近滿月的時候。月屬於陰，用來比擬婦德。

【譯文】

六五：帝乙嫁女於周文王，作為正夫人的服飾，反不如陪嫁妹妹的服飾豔麗華美；其內在的美德如月近十五將圓而未盈，吉祥。

《小象傳》說：「帝乙嫁女於周文王，作為正夫人的服飾，反不如陪嫁妹妹的服飾豔麗華美」。說明「六五」品行中正，以高貴的身份下嫁。

【解說】

上交互卦為坎，坎為月；下卦為兌，兌為缺，故有「月幾望」之象。「六五」陰爻在「五」的君位，相當於天子的女兒，與下卦的「九二」相應，象徵下嫁給賢臣。「六五」身份高貴，雖然以陰爻居陽位不正，但它柔順持中，謙虛廉潔，所以，衣著樸素，反而不如陪嫁的妾衣服華麗。然而，其德性就像即將滿月的月亮，德盛而不盈。

【智慧點津】此爻揭示婚姻應重德而不重表。

【案例解讀】楊絳崇文尚質傳佳話。「簡樸的生活，高貴的靈魂是人生的至高境界。」楊絳不慕浮華，淡泊名利，一生筆耕不輟，著述甚豐，代表作有《我們仨》《走到人生邊上》等。在和錢鍾書先生結成伉儷以後，他們彼此相敬如賓，崇尚簡樸、高貴的生活，相濡以沫攜手走過風雨63年，其婚姻的美滿與幸福，一直為後人津津樂道和羨慕不已。

54.9

上六：女承筐無實〔1〕，士刲（kuī）羊無血〔2〕，无攸利。

《象》曰：上六「無實」，承虛筐也。

【注釋】

〔1〕女：古代指未婚的女子。承筐：捧著盛祭品的竹筐。筐，新娘的提籃，內裝棗

栗等果品以獻神。

〔2〕士：古代指未婚的男子。刲：宰割，古代婚禮的儀式之一。

【譯文】

上六：新娘捧著空空的竹筐，新郎用刀殺羊卻不見出血，沒有什麼利益。

《小象傳》說：上六「空虛無實」，好比手拿空空的竹筐。

【解說】

上卦為震，震為長男，上虛下實似筐；下卦為兌，兌為少女，為羊，為毀折；故有「女承筐無實，士刲羊無血」之象。古代婚禮有祭獻宗廟的習俗，男女需「承筐」裝果和「刲羊」流血來供奉神靈。「女承筐無實」「士刲羊無血」，喻示夫妻祭祀之禮未成，不能成為夫妻，即或勉強結婚，也難以圓滿。「上六」陰柔處歸妹窮極之位，與下卦「六三」又沒有相應，說明女子歸嫁未果，婚姻難成，所以說「无攸利」。

【智慧點津】此爻揭示缺乏品德，婚姻會有名無實，難以美滿。

【案例解讀】陳世美拋妻棄子被鍘。據傳統戲曲《秦香蓮》（又名《鍘美案》）記載：陳世美是北宋均州人，從小家境貧寒，和妻子秦香蓮恩愛和諧。他十年苦讀，進京趕考，中狀元後被宋仁宗招為駙馬。但他貪慕榮華富貴，忘恩負義，拒絕和妻兒相認，最後被包公所斬。

55. 豐卦第五十五——處盛防衰

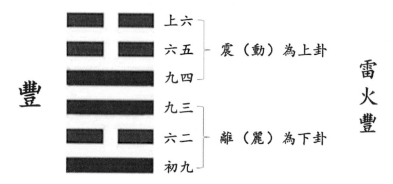

導讀：「月滿則虧，水滿則溢。」作為教育工作者，只有自己多讀書多學習，不斷豐富自我，才能不斷取得豐碩成果。

卦體下離上震。震為雷，為動，離為電，為明，雷電俱至，有光明、盛大之象。「豐」，本義指草勢茂盛；卦義為大，多，充盈。《豐》卦描述日蝕從初虧至復圓的景象，闡釋處盛防衰之道。

55.1

豐：亨，王假〔1〕之。勿憂，宜日中〔2〕。

【注釋】

〔1〕假：通「格」，至，達到。

〔2〕日中：正午。

【譯文】

《豐》卦象徵盛大：亨通，君王可達到這種豐盈盛大的境界。不必擔憂，適宜太陽如正午時分，永放光芒。

【解說】

「普天之下，莫非王土；率土之濱，莫非王臣。」君王富甲天下，本身就亨通。不必憂慮，應當像日正當中，普照大地，恩澤百姓。然而，「日中則昃，月盈則食」，因而，爻辭更多在盛世危言中，告誡我們如何致豐、保豐。

55.2

《彖》曰：豐，大也。明以動〔1〕，故豐。「王假之」，尚大也。「勿憂，宜日中」，宜照天下也。日中則昃〔2〕，月盈則食〔3〕。天地盈虛，與時消息〔4〕，而況於人乎？況於鬼神乎？

【注釋】

〔1〕明以動：豐卦下卦為離，為明；上卦為震，為動，故言「明以動」。

〔2〕昃：太陽西斜。

〔3〕食：月亮虧缺。

〔4〕消息：指陽爻增長陰爻減少稱作「息」，陰爻增長陽爻減少稱作「消」。

【譯文】

《彖傳》說：豐，就是盛大。君子能光明磊落、明察事理而又適時行動，那麼成就必大，這就是豐卦。「君王可達到這種豐盈盛大的境界」，是說君主崇尚盛大。「不必擔憂，適宜太陽正午時分」，因為此時太陽日中當天，普照天下。

不過，太陽過了正午就要偏斜，月亮一旦圓滿就要虧缺。天地萬物的盈滿虛虧，都是隨著時序的變化而消亡生長的，更何況是人呢？何況是鬼神呢？

55.3

《象》曰：雷電皆至，豐。君子以折獄致刑〔1〕。

【注釋】

〔1〕折獄：判決刑事訴訟。致刑：執行刑罰。

【譯文】

《大象傳》說：雷電交加，象徵著氣勢盛大。君子效法此象，像閃電般明察，判決訴訟；像雷一般威嚴，執行刑罰。

【解說】

雷聲和閃電同時來到，有氣勢盛大之象。教育工作者從中得到啟示，對嚴重違反校紀校規的學生絕不能姑息，應嚴肅處理，從而確保校園平安。

55.4

初九：遇其配主〔1〕，雖旬无咎〔2〕，往有尚〔3〕。
《象》曰：「雖旬无咎」，過旬災也。

【注釋】

〔1〕配主：相匹配之主。
〔2〕雖：當作「唯」，只。旬：十日。咎：災禍。
〔3〕尚：讚揚。

【譯文】

初九：遇上相匹配的主人，只在十天之內沒有禍害，前往會得到讚揚。
《小象傳》說：「只在十天之內沒有禍害」，但是超過十天就會有災禍。

【解說】

「初」與「四」相應匹配，所以，「初」稱呼「四」為「配主」，「四」稱呼「初」為「夷主」。古時以十干記日，由甲到癸，十日滿一旬，又重新由甲

計起；所以用「旬」比喻滿，超過一旬又轉為虧。「初九」處豐卦之始，所豐不大，雖然經過十日，有滿而虧的憂慮，但不會有災難，相反前往會受到「九四」的讚揚。「初九」以陽爻居陽位，居位得正，故而无咎；其處「離」明之初，雖與「九四」同性相斥，但「九四」位於「震」體，震為動；動因明而知方向，明因動而顯功用，所以兩者能夠彼此配合，相得益彰。

【智慧點津】此爻揭示追求盛大應適可而止。

【案例解讀】<u>ABC 教育集團宣布破產</u>。據潢川新聞 2020 年 2 月 9 日報導：澳大利亞最大上市幼教集團 ABC 教育集團宣布破產，導致 10 多萬幼兒無處入托，1 萬 6 千多名教職工失業，一度造成嚴重的社會混亂，聯邦政府不得不撥款維持托幼中心的運行並四處尋找接收者。據悉，這主要是由於盲目擴張和資金鏈出現嚴重斷裂所致，「過旬之災」實乃前車之鑒。

55.5

六二：豐其蔀（bù）[1]，日中見斗[2]，往得疑疾，有孚發若[3]，吉。
《象》曰：「有孚發若」，信以發志也[4]。

【注釋】

〔1〕蔀：搭棚用的席，引申為遮蔽。

〔2〕斗：北斗星。

〔3〕發若：啟發的樣子。

〔4〕發志：表達志向。

【譯文】

六二：擴大草席子遮蔽了太陽，以致中午卻看到了夜晚的北斗星，前往一定會被猜疑；如果能以自己的至誠之心去啟迪，那麼最後是能獲得吉祥的。

《小象傳》說：「能以自己的至誠之心去啟迪」，是說誠信能開拓其盛大之志。

【解說】

下卦為離，離為日；下交互卦為巽，巽為草木，為入，太陽落入草木之下，

故說「蔀」。又離為目，上卦為震，震為仰盂，引申為星斗；「六二」至「六五」構成大坎卦，坎為加憂，為心病，故又說「日中見斗，往得疑疾」。一個人在豐大之時，往往容易得意忘形，障蔽迷失自我，就會受到別人的猜疑。「六二」是下卦「離」明的主爻，其與上卦「六五」陰柔昏暗之君相應，就像太陽被大的簾子掩蔽，正午也可以看到北斗星那樣黑暗；因而前往追隨這樣的君王，必會被猜疑。所幸「六二」以陰爻居陰位柔順得正，能夠持中守正，以誠信和謙虛啟發「六五」之君，最終獲得信任和吉祥，從而遂願自己豐大的志向。

【智慧點津】此爻揭示追求盛大，應以誠釋疑，防止迷失。

【案例解讀】<u>周公以忠誠消除流言</u>。周武王去世後，其子成王年幼，由周公攝政當國。周公盡心輔佐成王，管理國事，可是他的弟弟管叔、蔡叔卻在外面四處造謠，說周公有野心，想要篡奪王位。而紂王的兒子武庚妄圖東山再起，恢復殷商的王位，於是和管叔、蔡叔串通一氣，聯絡一批殷商的舊貴族，發動叛亂。這些謠言，鬧得京城沸沸揚揚，引起了召公和成王的懷疑。周公經過和召公披肝瀝膽的交談，才消除了彼此的誤會，兩人又重新合作。後來，周公在安定內部之後，親自率領大軍東征，最後平定了叛亂，還政於成王。「周公吐哺，天下歸心」實乃「往得疑疾，有孚發若，吉」。

55.6

九三：豐其沛〔1〕，日中見沬〔2〕。折其右肱（gōng），无咎。

《象》曰：「豐其沛」，不可大事也。「折其右肱」，終不可用也。

【注釋】

〔1〕沛：通「斾」，布幔。

〔2〕沬：通「昧」，小星。

【譯文】

九三：擴大布幔遮蔽了太陽，以致中午也能看見小星星。折斷自己的右臂而無為慎守，沒有災禍。

《小象傳》說：「擴大布幔遮蔽了太陽」，是說此時君子不可成就勝任大

事。「折斷自己的右臂而無為慎守」，最終不能有所作為。

【解說】

若「九三」發生爻變，則下交互卦由巽卦變為艮卦，艮為手；上交互卦為兌卦，兌為毀折，為西方，西方為右，在後天八卦圖上，兌分布在右側，故有「折其右肱」之象。「九三」處下卦「離」明之終，與昏暗的「上六」相應，但是「上六」居於豐卦之極，故有遮天蔽日的黑暗之象，所以說「日中見昧」。「日中見昧」比「日中見斗」，更為晦暗。此時「九三」縱然居位得當，具有陽剛賢才，也只能韜光養晦，捨車保帥，屈身斷腕，以待機衝破黑暗，否則恃強逞能，必定「折其右肱」。

【智慧點津】此爻揭示追求盛大，更應當守正示弱，以防災避禍。

【案例解讀】劉備後花園種菜。劉備早年寄身於曹營，被曹操帶到許都，封為左將軍。身在曹營，他雖衣食俸祿無憂，但統一天下的雄心壯志未泯。他自知曹操不僅喜怒無常而且猜疑心極重，自己又寄人籬下，隨時會有殺身之禍，因而平時謹言慎行，常在後花園種菜以掩藏心志。有一次，曹操派許褚邀請他到府中相聚，且「煮酒論英雄」，對他說：「今天下英雄，唯使君與操耳。」劉備心驚，筷子掉落，他為了掩飾自己內心的震動，託言說是被雷聲嚇壞了。後來，他尋找機會逃離曹營，建立了蜀漢政權。

55.7

九四：豐其蔀，日中見斗，遇其夷主〔1〕，吉。

《象》曰：「豐其蔀」，位不當也。「日中見斗」，幽不明也。「遇其夷主」，吉行也。

【注釋】

〔1〕夷主：與「配主」義同，指與自己德行相匹配的主子。夷，平，等，這裡指「初九」與「九四」，有相等的陽剛德性，地位也對應。

【譯文】

九四：擴大草席子遮蔽了太陽，以致中午卻看到了夜晚的北斗星，此時若遇上與自己德行相匹配的主子，吉祥。

《小象傳》說：「擴大草席子遮蔽了太陽」，是說「九四」居位不恰當。「中午卻看到了夜晚的北斗星」，是說君子處境黑暗。「若遇到德行匹配的明主賞識」，行動必獲吉祥。

【解說】

「九四」以陽爻居陰位失正，又處於二陰之下，有太陽被遮蔽之象；因而，正午可看到北斗星那樣黑暗。不過，「九四」如果往下方與「初九」同德相濟，「明」「動」相資，共克時艱，就會吉祥。

【智慧點津】此爻揭示追求盛大，應合力突破黑暗。

【案例解讀】<u>陸步軒和陳生聯合創辦「壹號土豬」品牌</u>。陸步軒和陳生二人均上世紀 80 年代畢業於北京大學。在下海創業之初，二人都經歷了許多艱辛和挫折，但他們從來沒有放棄努力和抗爭。一次偶然的相遇，他們一拍即合，決定共同成立一所學校，專門培養一些關於豬肉養殖、銷售、烹飪等方面的專業知識。其間，他們發揮各自的專長，打造了「壹號土豬」品牌，創辦了全國首家屠夫學校。「我們北大的畢業生去賣豬肉，只要用心做，那肯定會比別人做得好。」通過不懈的努力，他們合力創辦的豬肉連鎖店現已遍布全國各地，成為顧客認可的品牌。

55.8

六五：來章〔1〕，有慶譽〔2〕，吉。

《象》曰：「六五」之「吉」，有慶也。

【注釋】

〔1〕章：文采，這裡指美德。

〔2〕慶譽：福慶和讚譽。

【譯文】

六五：前來彰顯光明，會有福慶和讚譽，吉祥。

《小象傳》說：「六五」的「吉祥」，這是因為它會帶來福慶。

【解說】

　　此爻描述日全食結束，太陽又重新綻放光芒的情景。下卦為離，離為光明，為文采，「六五」和「離」卦之中的「九二」相應，故說「章」。又上爻互卦為兌，兌為口，為說（通「悅」），所以說「慶譽」。「六五」陰爻在君位，是昏暗之君，它本沒有吉道可言，但它能柔順持中，主動屈己求賢「九二」前來相助，獲得吉慶與榮譽，因而吉祥。

【智慧點津】此爻揭示追求盛大，需要求賢用才。

【案例解讀】<u>華為廣攬人才鑄輝煌</u>。「什麼都可以缺，人才不能缺；什麼都可以少，人才不能少；什麼都可以不爭，人才不能不爭。」華為從 1998 年到 2002 年幾年內接連大規模招聘優秀畢業生，重金招攬各路高手。按照任正非的說法，華為平均每年招聘大約 3000 人。無獨有偶，2019 年 6 月，任正非總裁宣布：今年華為將從全世界招 20～30 名天才少年，並啟動「頂尖人才招聘計劃」，開出百萬年薪招聘 8 位應屆畢業生，對部分頂尖學生實行年薪制管理，以調整公司的作戰能力結構，打贏未來的技術與商業戰爭。也正因為如此，華為公司才能永續發展，蒸蒸日上，「來章，有慶譽，吉」。

55.9

　　上六：豐其屋，蔀其家，窺其戶〔1〕，闃（qù）其無人〔2〕，三歲不覿（dí）〔3〕，凶。

　　《象》曰：「豐其屋」，天際翔也。「窺其戶，闃其無人」，自藏也。

【注釋】

　〔1〕窺：窺視。

　〔2〕闃：寂靜。

　〔3〕三歲：非實指，表示多年。覿：見。

【譯文】

　　上六：豐大其住宅，遮蔽其家，透過門縫往裏面看，寂靜而沒有人影，多年不見有人露面，定有兇險。

《小象傳》說：「豐大其住宅」，說明主人得意得好像鳥在空中飛翔。「透過門縫往裏面看，寂靜而沒有人影」，這是說他自蔽深藏。

【解說】

「上六」是陰柔的小人，以陰爻居陰位，雖然居位得正，但因處豐卦之極，物極必反，所以有昏暗不明之象。它居於高位，自高自大，不與眾人打交道，斷絕一切交往，也不施德於人，如此自蔽深藏，必有兇險。

【智慧點津】此爻揭示追求盛大，自高自大有凶。

【案例解讀】和珅豐大亡身。和珅是清乾隆時期的權臣，因為才華橫溢和善於阿諛奉承而得到乾隆皇帝的恩寵，從一個普通的侍衛搖身變為軍機大臣。為官期間，他貪婪無度，瘋狂斂財，從其家中搜出大約二億兩白銀，還有大量奇珍異寶，正是「豐其屋，蔀其家」。「和珅跌倒，嘉慶吃飽」，由此可見其富可敵國。最終，和珅被嘉慶皇帝賜死，乃是自食其果。

56. 旅卦第五十六──異鄉存身

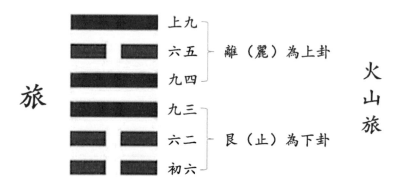

導讀：「讀萬卷書，行萬里路」，教育即是一次旅行。作為教育工作者，無論身處何方，只有安心執教，才能取得優異的成績。

卦體下艮上離。離為火，艮為山（房屋如山止），火在山上不停蔓延燃燒，如同途中旅人，急於趕路，有野居露宿之象。「旅」，本義指士兵在戰旗下行軍征戰；卦義為漂泊、旅行。本卦闡述背井離鄉時如何安身立命。

56.1

旅：小亨。旅[1]貞吉。

【注釋】

〔1〕旅：旅行。

【譯文】

《旅》卦象徵旅行：小有亨通。旅行堅守正道就會吉祥。

【解說】

「在家千日好，出門萬般難。」人在旅途，顛沛流離，環境陌生，身心不安；因而，不會大有亨通。旅卦貴柔忌剛，卦中六爻以「六二」「六五」二陰居中為主，柔順中和得吉；「六五」柔居外卦中位，承「上九」之陽，有在外隨順主人，得到強者庇護之象。「六二」和「六五」都是陰爻居於內外卦的中位，且彼此相互排斥，所以說「小亨」。出門在外，不論任何情況，為旅者都必須遵守正道，才會吉祥，故說「旅貞吉」。

56.2

《彖》曰：旅，「小亨」。柔得中乎外而順乎剛〔1〕，止而麗乎明〔2〕，是以「小亨，旅貞吉」也。旅之時義大矣哉！

【注釋】

〔1〕柔得中乎外：指「六五」以陰爻而居於上（外）卦的中位，並且順承「上九」之陽爻。

〔2〕止而麗乎明：旅卦下卦為艮，為止；上卦為離，為附麗，為光明，故言「止而麗乎明」。

【譯文】

《彖傳》說：旅行，「小有亨通」。「六五」在外柔順中正而又能順從「上九」陽剛，適可而止而又依附於光明，所以說「小有亨通，行旅能堅守正道就會吉祥」。旅行的時機和意義真是太重大了！

56.3

《象》曰：山上有火，旅。君子以明慎用刑而不留獄〔1〕。

【注釋】

〔1〕留：拖延，滯留。獄：獄訟事務。

【譯文】

　　《大象傳》說：火在山上燃燒，匆匆蔓延，象徵著旅行。君子效法此象，從而像火一樣明察、像山一樣慎重地施用刑罰，而不積壓案件。

【解說】

　　山上有火，火勢迅速蔓延，勢不久留。教育工作者從中得到啟示，對於違反校紀校規的學生，應當以事實為依據，以法律為準繩，根據情節輕重，謹慎而及時地處理。

56.4

　　初六：旅瑣瑣〔1〕，斯其所取災〔2〕。
　　《象》曰：「旅瑣瑣」，志窮災也。

【注釋】

　　〔1〕瑣瑣：細小，引申為猥瑣卑賤。
　　〔2〕斯：這。

【譯文】

　　初六：旅行之始行為猥瑣不堪，這是自己招來的災禍。
　　《小象傳》說：「旅行之始猥瑣不堪」，這是「初六」意志窮困造成的災禍。

【解說】

　　「初六」以陰爻居陽位，失正處下，向上有「六二」阻擋，與「九四」又不能相應，形容在旅途之初猥瑣、受困的小人。出門在外，志氣短小，對瑣事斤斤計較，無論走到哪裏，都可能會受到他人的鄙視和欺凌，因而只能自取其辱，招來災難。

【智慧點津】此爻揭示背井離鄉時，應不拘小節，志存高遠。

【案例解讀】<u>孔子志窮於魯而周遊列國</u>。春秋時期，孔子五十多歲的時候，當上了魯國的大司寇。然而他「仁政」的政治主張不被國君所採納。為了實現自己的抱負，他帶著弟子離開了魯國，踏上了去往異國他鄉的旅程。他們

一路顛沛流離，歷時十餘年，行程數千里，歷經艱難險阻，最終回到了故鄉。

56.5

六二：旅即次〔1〕，懷其資，得童僕貞〔2〕。
《象》曰：「得童僕貞」，終無尤也〔3〕。

【注釋】

〔1〕即：就，住。次：住旅舍三夜以上。

〔2〕童僕：奴僕。

〔3〕尤：過錯。

【譯文】

六二：旅行中投宿客棧，攜帶錢財，得到童僕照顧，能堅守正道。

《小象傳》說：「得到童僕照顧，能堅守正道」，最終沒有過錯。

【解說】

下卦為艮，艮為止，房屋是靜止的，故說「次」；又艮為少男，引申為僕人，故說「童僕」。下交互卦為巽，巽為入，為近利市三倍，所以說「懷其資」。出門在外的人，既有可以投宿的旅舍，又帶有充足的盤纏，還伴有忠實的童僕，這些最能讓旅人心安。「六二」以陰爻居陰位，柔順中正，因而具備這些最佳的旅行條件，當然在外會左右逢源，沒有絲毫閃失。

【智慧點津】此爻揭示背井離鄉時，必須以柔順中正為本，才會平安無事。

【案例解讀】孔子衛國受優待。公元前 497 年，孔子為了保持自己高尚的人格，也為了尋求新的從政機會，在眾弟子的簇擁下，疲馬凋車，開始了為期 14 年周遊列國的生涯。其間，雖輾轉各國，艱辛備至，但在衛國居住了十年，受到了特殊的優待。如衛靈公獲悉孔子歸來十分高興，親自出城迎接。他禮見孔子後，雖然對孔子的主張不感興趣，但為「尊賢」之名，仍給予他「祿之如魯」的待遇。作為衛國的「公養之仕」，孔子收徒講學，傳道授業，弟子盈門。許多古代典籍得到了整理。「吾自衛返魯，《雅》《頌》各得其所」，孔子居

衛十年，對中華文化的發展作出了不朽的貢獻。

56.6

九三：旅焚其次，喪其童僕，貞厲。

《象》曰：「旅焚其次」，亦以傷矣。以旅與下〔1〕，其義喪也。

【注釋】

〔1〕下：童僕。

【譯文】

九三：旅行中客棧被火焚燒，喪失了童僕，應堅守正道以防危險。

《小象傳》說：「旅行中客棧被火焚燒」，這是很悲傷的事。以傲慢的態度對待童僕，表明其喪失了道義。

【解說】

上卦為離，離為火，下交互卦為巽，巽為木，木接近火；下卦為艮，為止，為少男，故有爻辭諸象。「九三」以陽爻居陽位，過剛不中，又和「上九」敵應無援，難免高傲躁進，驕橫無禮得像對待路人一樣對待下面的「六二」和「初六」，難怪就會遭遇「旅焚其次，喪其童僕」這些不幸。

【智慧點津】此爻揭示背井離鄉時，剛強躁動有兇險。

【案例解讀】「宋人伐木」的故事。衛靈公去世之後，衛國政局動盪不安，孔子便離開衛國，再次到陳國求仕。途經宋國時，一行人在城外大樹下休息，弟子們誦詩習禮，氣氛平和。正當此時，宋國司馬桓魋帶領一隊人馬趕來，他們砍倒大樹，追殺孔子。當時現場險象環生，弟子們一再催促孔子趕緊離開，可是孔子卻從容不迫，甚至放言：「老天使我有了這樣的品德，桓魋能把我怎麼樣？」後來，幸虧弟子讓他換上村民穿的衣服，才躲過一劫。

56.7

九四：旅於處〔1〕，得其資斧〔2〕，我心不快。

《象》曰：「旅於處」，未得位也。「得其資斧」，心未快也。

【注釋】

〔1〕處：暫居的處所。

〔2〕資斧：錢財。斧，古代形似斧的錢幣。

【譯文】

九四：旅途中暫時得到棲身的地方，擁有錢財，心中仍然不甚快樂。

《小象傳》說：「旅途中暫時得到棲身的地方」，說明其沒有真正安身立命。「擁有錢財」，心中仍然不甚快樂。

【解說】

下卦為艮，艮為止，房屋是靜止的，故說「處」。上卦為離，離為兵戈；下交互卦為巽，巽為木，為近利市三倍，故說「得其資斧」。「六二」至「六五」構成一個大坎卦，坎為加憂，為心病，所以又說「我心不快」。「九四」以陽爻居陰位，不中不正，向上升到「五」位不得，下與「初六」又無強力援助；因而，雖然在旅行中有足夠的旅費與暫身之所，但畢竟寄人籬下，心中仍然不會愉快。

【智慧點津】此爻揭示背井離鄉時，心願未遂而快快不樂。

【案例解讀】孔子回到魯國參政議政。孔子 68 歲時，在其弟子冉求的努力下，被迎回魯國，結束了在各國間奔走流亡的生活。回到魯國的孔丘，享受著國老的待遇。雖然他沒有實職的權力，沒有遂願自己的政治主張，「我心不快」，但依然享受著很高的聲望地位，並為國家的治理出謀劃策。此外，他將絕大部分精力投入到文獻整理和教育工作上，為後世研究上古歷史文化提供了寶貴素材。

56.8

六五：射雉〔1〕，一矢亡〔2〕，終以譽命。

《象》曰：「終以譽命」，上逮也〔3〕。

【注釋】

〔1〕雉：野雞。

〔2〕矢：箭。亡：丟失。

〔3〕逮：及，指追隨。

【譯文】

六五：旅途中射野雞，丟失了一支箭，但最後得到了榮譽和爵命。

《小象傳》說：「最後得到了榮譽和爵命」，說明能追隨居於高位的上層。

【解說】

上卦為離，離為雉，互大坎（二、三、四、五爻）為弓矢，上交互卦為兌，兌為毀折，故說「射雉，一矢亡」；又上交互卦兌為口，下交互卦巽為命，故又說「終以譽命」。「六五」是上卦「離」明的主爻，具有柔順、光明之德，處得中道。雖然它以陰爻居陽位不正，最初射雉喪失一支箭，但最後仍然下依有力之大臣「九四」並與「六二」中正之位相應，得到榮譽和爵命。

【智慧點津】此爻揭示背井離鄉時，光明正大，不計得失，終有收穫。

【案例解讀】孔子教弟子學射箭。孔子博學多才，精通六藝（禮、樂、射、御、書、數）。《孔子家語·觀鄉射》中記載了孔子教弟子們射箭的故事。孔子在魯國城內西南隅的瞿相圃教給弟子們射箭，許多人圍著觀看，圍的像一堵牆一樣，十分熱鬧。有一次，子路以神射手自居，但當孔子給他做了示範後，他才心悅誠服。只見孔子雙腿一前一後站定，上箭拉弦，弓如滿月，全身一動不動地佇立在那裡。一刻、二刻、三刻過去了，孔子依然紋絲不動。他那撐弓的左臂竟如車前軾木，扳也扳不動，子路頓覺慚愧，不禁歎道：「不料夫子力大非凡，文武卓絕！」難怪《論語》中這樣稱讚他：「大哉孔子，博學而無所成名。」

56.9

上九：鳥焚其巢，旅人先笑後號咷。喪牛於易〔1〕，凶。

《象》曰：以旅在「上」〔2〕，其義焚也〔3〕。「喪牛於易」，終莫之聞也。

【注釋】

〔1〕易：田邊。

〔2〕上：上位，指「上九」位居最高位。

〔3〕義：通「宜」，應該。

【譯文】

上九：鳥巢被焚燒，旅人開始欣喜歡笑，後來號咷痛哭，就像在田邊丟失牛，有兇險。

《小象傳》說：作為旅客在異鄉卻高高在上目中無人，這樣必然要遭受焚巢之災。「在田邊丟失牛」，說明「上九」羈旅遭禍終將沒有人知道。

【解說】

上卦為離，離為火，為雉，中虛似巢；下交互卦為巽，巽為木，故說「鳥焚其巢」。又上交互卦為兌，兌為口，為笑，下交互卦巽又為風，為號；兌在前而巽在後，故又說「先笑後號咷」。牛性柔順，「喪牛於易」，比喻喪失其柔順之德。「上九」以剛爻居於旅卦終極之位，倔強傲慢，開始也許欣喜不已，最後必定號咷大哭，就像鳥的巢被燒掉，沒有可以安身的地方。旅道貴柔，「上九」輕易地失去處旅時應有的柔順之德，所以兇險比「九三」更大。

【智慧點津】此爻揭示背井離鄉時，自高自大有凶。

【案例解讀】孔子厄於陳蔡。孔子為推行儒家思想，周遊列國期間多次觸犯別人利益或者被無辜牽連，甚至因為被人認錯而遭遇困境或險境。如「厄於陳蔡之間」。據《史記》記載：楚昭王想聘用孔子，孔子前往拜訪答禮，路過陳國、蔡國邊境。陳、蔡兩國的大夫們一起計謀說：「孔子是聖賢，他所刺譏的都能擊中諸侯的病根，如果被楚國任用，那麼陳國、蔡國就危險了。」於是，他們就派屬下的士兵對孔子進行阻攔和包圍。孔子和弟子連續被困了七天，沒有食物，個個面黃肌瘦，奄奄一息……

57. 巽（xùn）卦第五十七——遜順有度

導讀：「先做學生，再做先生。」作為教育工作者，要正確認識「一桶水」與「一碗水」的關係，立足崗位，柔順謙虛，才能贏得學生的尊敬和愛戴，教學才能春風化雨，「潤物細無聲」。

卦體下巽上巽。巽為風，兩風相隨，無孔不入，有通達之象；風又是天命的象徵，代表君王的命令，所以又有施政號令天下之象。卦形是一個陰爻伏在二個陽爻的下面，象徵入、順；卦中「九五」之君既中且正，是從政發令之主。「巽」，本義為兩人跪著敬神，引申為臣服，柔順，卑順；又通「遜」，有謙遜之義。本卦闡釋謙遜應不卑不亢。

57.1

巽：小亨，利有攸[1]往，利見大人。

【注釋】

[1] 攸：所。

【譯文】

《巽》卦象徵謙順：稍有亨通，有利於前往辦事，有利於出現偉大的人物。

【解說】

「針大的眼進斗大的風」，揭示出風具有無孔不入，穿透力強和隨順適應的特點。君子效法風之德，謙遜處事，順從他人，就容易被接納。巽卦是陰卦，以「初六」和「六四」兩個陰爻為主爻，順承上面的二個陽爻；由於「巽」之道貴在陰順從陽，臣服從君，所以說「小亨」。「初六」和「六四」二陰既順

從陽剛，又堅守正道，還依從「九五」中正之君，所以說「利有攸往，利見大人」。

57.2

《彖》曰：重巽以申命〔1〕。剛巽乎中正〔2〕而志行。柔皆順乎剛〔3〕，是以「小亨，利有攸往，利見大人」。

【注釋】

〔1〕重巽以申命：本卦是由上下兩個三畫的巽卦重疊而成，故說「重巽」。巽為風，為順入，風反覆吹拂大地，天下順從，有如君王重複發布命令而使萬民順從，故說「重巽以申命」。

〔2〕剛巽乎中正：指「九五」和「九二」都是以陽爻居於上下卦的中位。

〔3〕柔皆順乎剛：指「初六」和「六四」兩個陰爻都處在陽爻之下。

【譯文】

《彖傳》說：上下都謙順適合君王反覆宣布政令。「九五」之君剛健，具有謙順而中正之德，他的主張能夠得以推行。卦中的「初六」和「六四」柔爻都能順從於其上的「九二」和「九五」剛爻，所以說「稍有亨通，有利於出現偉大的人物」。

57.3

《象》曰：隨風，巽。君子以申命行事〔1〕。

【注釋】

〔1〕申：申明。命：意旨。

【譯文】

《大象傳》說：一陣風又一陣風吹來，象徵著順從而入。君子效法此象，要反覆宣告政令，施行統治。

【解說】

兩風相隨，有和順相從之象。風又是天命的象徵，代表君王的命令，所以又有施政號令天下之象。教育工作者從中得到啟示，國家在頒布重大政令、法律或文件時，事前要反覆宣講，上情下達，家喻戶曉，以便學生和家長和順相從地履行。

57.4

初六：進退，利武人之貞。

《象》曰：「進退」，志疑也。「利武人之貞」，志治也〔1〕。

【注釋】

〔1〕志治：整治柔弱的心志。

【譯文】

初六：謙卑過度而猶豫，進退無所適從，利於勇武之人堅守中正之道。

《小象傳》說：「謙卑過度而進退猶豫」，說明心志猶疑。「利於勇武之人堅守中道」，是說要樹立像他們一樣堅強的意志。

【解說】

下卦為巽，巽為風，風時而前進，時而後退，故有「進退」之象。若「初六」發生爻變，則下卦變為乾卦，乾為剛強，所以又有「武人」之象。「初六」是下卦「巽」的主爻，它以陰爻居陽位失正而處卑，有過度謙卑、進退猶豫的現象。因而，如果擁有武人般的堅決果斷，那麼非常有利。

【智慧點津】此爻揭示謙遜並非優柔寡斷，應以剛濟柔。

【案例解讀】王安博士童年痛失小麻雀。王安博士是著名華裔電腦名人，據他聲稱，影響他一生的最大教訓發生在他6歲時。有一天，他在樹下玩耍，發現了一個鳥巢被風從樹上吹掉在地，從裏面滾出了一隻嗷嗷待哺的小麻雀。他很喜歡它，於是決定把它帶回家餵養。當他走到家門口的時候，突然想起媽媽不允許他在家裏養小動物。於是，他輕輕地把小麻雀放在門口，急忙走進屋去請求媽媽。在他的哀求下，媽媽終於破例答應了。他興奮地跑到門口，不料小麻雀已經不見了，他看見一隻黑貓正在意猶未盡地舔著嘴巴。為此，他傷心了很久，但從此他也記住了一個教訓：只要是自己認定的事情，決不可優柔寡斷。

57.5

九二：巽在床下〔1〕，用史巫紛若〔2〕，吉，无咎。

《象》曰：「紛若」之「吉」，得中也。

【注釋】

〔1〕巽：順伏。床：古代指坐具。

〔2〕史巫：史和巫都是古代從事迷信活動的神職人員。「史」是職掌占卜、禱告的官，「巫」是降神祈福除災的巫婆。紛若：眾多的樣子。

【譯文】

九二：過度卑順而伏於床下，如果能像史官、巫覡那樣紛紛謙卑虔誠敬神，將十分吉祥，一定沒有什麼災禍。

《小象傳》說：「如果能像史官、巫覡那樣紛紛謙卑虔誠敬神，將十分吉祥」，這是因為「九二」能夠秉持中道。

【解說】

下卦為巽，巽為木，為入，卦形似床，故有「巽在床下」之象。又下交互卦為兌，兌為口，「史巫」是用口說話的神職人員，所以又有「史巫紛若」之象。「九二」以陽爻居陰位失正，對「九五」顯得過分謙卑。不過，它畢竟陽剛而居中，能持中守正，如果能像史巫那樣，以謙卑竭誠敬神，不斷與神溝通，傳遞信息，仍然吉祥，不會有災難。

【智慧點津】此爻揭示謙遜並非自卑，應守持中道。

【案例解讀】東方朔勸諫漢武帝。東方朔是西漢著名文學家，博學多才。漢武帝即位，詔拜為郎，時常跟隨皇帝身邊。東方朔性格詼諧，滑稽多智，善於用講神怪故事的方式勸諫漢武帝，深得武帝賞識。「時觀察顏色，直言切諫，上常用之。」試想，如果東方朔不知「巽在床下」之理，恭敬馴服地勸說皇帝，又怎會「吉」而「无咎」呢？

57.6

九三：頻巽〔1〕，吝。

《象》曰：「頻巽」之「吝」，志窮也。

【注釋】

〔1〕頻：通「顰」，皺眉。巽：順從。

【譯文】

九三：愁眉苦臉地勉強遜順，有遺憾。

《小象傳》說：「愁眉苦臉勉強遜順而有遺憾」，是因為「九三」心志已困窮。

【解說】

「九三」以陽爻居陽位，過剛不中，又在下卦之極，不能謙遜；然而，它與「上九」無應，又為「六四」所乘，卻不得不皺著眉頭勉強遜順，一味忍屈順從。如此心志窮困，最終必然會發生令自己憾惜的事。

【智慧點津】此爻揭示謙遜並非虛偽，迎合曲從。

【案例解讀】公孫弘「曲學阿世」亡身。據《漢書》記載：公孫弘為西漢名臣，他每次上朝奏事，遇到皇帝不順從時，從不當庭爭辯，有時和同朝的汲黯約好了與皇帝私下商議事情，他總是把汲黯推在前頭，在旁邊觀察皇帝對他所提意見的喜怒哀樂，然後及時調整自己的態度以順從皇帝的意見。他與別人約議好的事，一旦到了皇帝面前，他總是阿順皇帝的意思而背棄之前與別人的約定。由於他善於阿諛奉承，官爵一路攀升，位列三公。然而，他的這種「頻巽」的行為，畢竟喪失正義原則和儒士的氣節，違背臣屬的責任，最終落得被烹「之吝」的結局，實乃自食其果。

57.7

六四：悔亡，田獲三品〔1〕。

《象》曰：「田獲三品」，有功也。

【注釋】

〔1〕田：同「畋」，狩獵。三品：三個等級或多種多類。一是有三種或泛指多種動物。二是指在全部獵物中按品質或某個獵物中按部位分為上、中、下三等，上等品用於祭祀，中等品用來招待賓客，下等品留下自己食用。

【譯文】

六四：悔恨消失，田獵獲得三個等級多種獵物。

《小象傳》說：「田獵獲得三個等級多種獵物」，有功賞。

【解說】

上卦為巽，巽為雞；上交互卦為離，離為雉；下交互卦為兌，兌為羊，故有「田獲三品」之象。「六四」陰柔乘凌於「九三」陽剛之上，與下卦「初六」無應無援，上下又被剛爻挾持，本來就有後悔；但它以陰爻居陰位，當位得正，能夠既謙卑上承「九五」之君，又處上卦的下方，居上位而能謙下，可謂巽於上下，所以使後悔消除。「六四」忠誠侍君，就像打獵，會獲得很多賞賜，必能建功立業。

【智慧點津】此爻揭示謙遜應當建功。

【案例解讀】李強「漁大夫」診所紅火。據騰訊網 2021 年 2 月 27 日載：李強農業大學畢業以後，選擇在江南的一家漁業養殖場打工。在這裡兩年，他謙卑好學，利用自己技術員的合理身份，遍訪周邊牛蛙、甲魚、螃蟹等養殖場，向高級漁技師學藝，很快掌握了大量業務知識，積累了很多經驗，還結識了很多人。後來，他辭工辦了一間「漁大夫」診所，為遍布市郊的八十多個養殖場「送醫送藥」。由於技術精湛，專業熟，本市又獨此一家，那些患了「魚病」的養殖戶都來找他。現在，他的年「出診」收入非常可觀。

57.8

九五：貞吉，悔亡，无不利。无初有終，先庚三日〔1〕，後庚三日，吉。

《象》曰：「九五」之「吉」，位正中也。

【注釋】

〔1〕庚：居於十天干中的第七位，在「己」之後，為「過中」之數，象徵著「變更」；又同「更」，故有變更的含義。

【譯文】

九五：堅守正道吉祥，悔恨消失，沒有什麼不利。事情開局不妙，但會有好結果。在象徵變更的「庚」日前三天（丁、戊、己）發布新令，後三天（辛、壬、癸）再開始實施，必獲吉祥。

《象傳》說：「九五」的「吉祥」，是因為它能持中守正。

【解說】

「先庚三日，後庚三日」，古時以十天干記日，庚日的前三日，是丁日，丁有叮嚀之意；庚日的後三日是癸，與「揆」通用，有衡量之意。「九五」以陽爻居於陽位，剛健處於尊位，是巽卦之主，政令即由其發出。它和「九二」敵應，會有後悔；但其能持中守正，號令天下，最終會吉祥而使後悔消除。君王頒布命令在於變更舊有的制度和習慣，起初會有很多問題，但其後會日臻完善；所以他必須在事物變更之前，反覆叮嚀群眾知道；在事物變更之後需要反覆揆度考慮，以觀察實效，及時糾正。如此慎重之舉，政令自會順暢通達，當然非常吉祥。

【智慧點津】此爻揭示謙遜應以中正為本，號令天下。

【案例解讀】教育部發布有償補課六條禁令。2015 年 6 月 29 日，教育部印發了《嚴禁中小學校和在職中小學教師有償補課的規定》，以從嚴整治中小學校和中小學教師有償補課現象，堅決制止有償補課行為。該《規定》共 6 條。對於違反規定的中小學校，視情節輕重，相應給予通報批評、取消評獎資格、撤銷榮譽稱號等處罰，並追究學校領導責任及相關部門的監管責任。對於違反規定的在職中小學教師，視情節輕重，分別給予批評教育、誡勉談話、責令檢查、通報批評直至相應的行政處分。該規定在深入調查研究基礎上，針對有償補課的不同主體和形式，從出臺依據、設置考慮、處分內容、貫徹落

實都經過深思熟慮和精心佈署，這些都體現了「先庚三日，後庚三日」的叮嚀、揆度的精神。

57.9

上九：巽在床下，喪其資斧〔1〕，貞凶。

《象》曰：「巽在床下」，「上」窮也〔2〕。「喪其資斧」，正乎凶也。

【注釋】

〔1〕資斧：斧形的銅幣，資財。

〔2〕上：指「上九」陽爻居於本卦最高位。

【譯文】

上九：謙順至極而躲在床下，猶如喪失了賴以謀生的錢財；堅守正道以防兇險。

《象傳》說：「謙順至極而躲在床下」，是說「上九」已處於窮極末路的地步。「喪失了謀生的錢財」，是說此時應守持剛正以防兇險。

【解說】

上卦為巽，巽為木，為近利市三倍；下交互卦為兌，兌為金，斧頭由金和木所構成，故有「資斧」之象。「上九」以陽爻居陰位不正，與「九三」無應無援；又處巽卦之極，象徵極端順從，沒有主見，就像伏在床下，喪失錢財，異常兇險。故爻辭告誡「上九」唯有持中守正，才能免遭兇險。

【智慧點津】此爻揭示謙遜不可過度，應適可而止。

【案例解讀】<u>男子街頭給女兒下跪</u>。據湖南瀏陽一條新聞：一女孩坐在路邊電動車後座上，弔兒郎當、不屑一顧的樣子。而在她面前的一名中年男子，剛開始還在苦口婆心地說著什麼，見她不聽，突然，男子雙手合十，跪在她面前，不聽地磕頭、作揖。而面前的這個女孩，見此一幕，非但沒有將中年男子扶起來，反而更加鄙夷不屑。據悉，他們是父女關係，這個女孩非常叛逆，不但輟學而且還不回家，半個月以來，女孩一直在外面游蕩，父親好不容易

才找到她。筆者認為，這名中年男子之舉，有失人格和尊嚴，只會縱容子女養成各種惡習，實乃「巽在床下，喪其資斧，貞凶」。

58. 兌卦第五十八——寓教於樂

導讀：微笑是人生的一縷陽光，是人際交往中的潤滑劑。作為教育工作者，只有學會寓教於樂，傳遞微笑，才能融洽師生關係；教育教學才會如沐春風，潤眼潤兒更潤心。

卦體下兌上兌。兌為澤，兩澤相連，彼此依附、潤澤，有互助、喜悅之象。兌為口，為悅，有言語、喜悅顯露於外之象。卦形似口，「剛中而柔外」，喻內心有主見，外在謙虛和氣。「兌」是將坎水從下杜塞不滲透，水聚集而成；它的本字為「說」，有喜悅、和悅、言說之義。本卦闡釋和悅待人之道。

58.1

兌：亨，利貞[1]。

【注釋】

〔1〕貞：守正。

【譯文】

《兌》卦象徵喜悅：亨通，有利於堅守正道。

【解說】

「澤以潤生萬物，所以萬物皆說。」故「兌」象徵喜悅。使人喜悅，當然亨通，但動機應當純正，堅守正道，才能免於邪諂，才會有利。

58.2

《彖》曰：兌，說〔1〕也。剛中而柔外〔2〕，說以「利貞」，是以順乎天而應乎人。說以先〔3〕民，民忘其勞。說以犯難〔4〕，民忘其死。說之大，民勸〔5〕矣哉！

【注釋】

〔1〕說：通「悅」，喜悅。

〔2〕剛中而柔外：指「九二」和「九五」都是以陽爻居於上下卦的中位，「六三」和「上六」都是陰爻並且在外面。

〔3〕先：引導。

〔4〕犯：戰勝。

〔5〕勸：勉勵。

【譯文】

《彖傳》說：兌，就是喜悅。君子待人接物內心剛強而外表柔順，能讓人喜悅並「有利於堅守正道」，所以能夠上順天意，下應人心。凡事以百姓的喜悅為先，百姓就會忘記勞苦。以喜悅來戰勝困難，百姓就會捨生忘死。喜悅之道的偉大作用，就在於它能使百姓自我勉勵！

58.3

《象》曰：麗澤〔1〕，兌。君子以朋友講習〔2〕。

【注釋】

〔1〕麗：附麗，依附，猶如相連。

〔2〕講習：研討學習。

【譯文】

《大象傳》說：兩澤並連，彼此浸潤受益，象徵著喜悅。君子效法此象，朋友之間要相互討論學習。

【解說】

上下卦都為兌，兌為澤，為口，為喜悅。兩澤並連，好像兩人口對口討論問題或一教一學，彼此浸潤受益，有歡悅之象。教育工作者從中得到啟示，教師之間要經常相互探討教法、學法，集思廣益，以便課堂上左右逢源，進而提高教育教學質量。

58.4

初九：和兌〔1〕，吉。

《象》曰：「和兌」之「吉」，行未疑也。

【注釋】

〔1〕和：溫和，和氣。兌：通「悅」，喜悅。

【譯文】

初九：能以溫和喜悅的態度待人，吉祥。

《小象傳》說：「溫和喜悅待人」的「吉祥」，這是因為「初九」友善待人，不被人猜疑。

【解說】

下卦為兌，兌為少女，為喜悅，故有「和兌」之象。若「初九」發生爻變，則下卦變為坎，坎為加憂，為心病，所以又有「疑」之象。全卦以「六三」和「上六」為兌主，為取悅者，四個剛爻為被取悅者。「初九」以陽爻居陽位居下得正，與上卦的「九四」無應，但它卻不奉承諂媚，而是以正大光明的態度，謙恭和悅待人，自然吉祥無疑。

【智慧點津】此爻揭示和悅待人，公正無私吉祥。

【案例解讀】程芳《拍手歌》寓教於樂。程芳是武漢市東湖高新區語文學科帶頭人，湖北省第七屆青年語文教師閱讀教學大賽一等獎獲得者，現任教於市光谷第四小學。她對人和藹可親，授課風趣幽默，深受學生的喜愛。2018年9月15日下午，她在「第八屆名師優課——全國小學語文部編版教材課堂教學觀摩研討會」中，走上「名師優課」舞臺，執教二年級識字歌《拍手歌》。其間，她設計了大量的遊戲以及學生互動環節，讓學生在玩中發現，在發現中學習，讓孩子們喜笑顏開，獲益匪淺。

58.5

九二：孚兌［1］，吉，悔亡［2］。

《象》曰：「孚兌」之「吉」，信志也［3］。

【注釋】

〔1〕孚：誠信。

〔2〕亡：消失。

〔3〕信：通「伸」，即伸張。

【譯文】

九二：心中誠信和悅待人，吉祥，悔恨消失。

《小象傳》說：「誠信和悅待人」的「吉祥」，這說明「九二」的誠信之志得到了伸張。

【解說】

下交互卦為離，離為火，為明，內心光明即為有誠信，故說「孚」。「九二」以陽爻居陰位，居位不正，而且上承親比「六三」陰柔小人，因此行事必有悔恨。但它剛爻得中，誠實出於剛中，以誠信與人和悅，和而不流，當然吉祥而沒有後悔。

【智慧點津】此爻揭示和悅待人應誠信。

【案例解讀】<u>華盛頓砍櫻桃樹的故事</u>。喬治·華盛頓是美國第一任總統，他小時候非常誠實。有一天，父親送給他一把嶄新的小斧頭，他十分高興。他想：父親的大斧頭能砍倒大樹，我的小斧頭能不能砍倒小樹呢？於是，他抱著試一試和好玩的心態，把花園邊上的一棵櫻桃樹砍倒了。他的爸爸回家後，看見被砍斷的小樹，非常生氣，因為這棵櫻桃樹是他花了很多錢才買到的。華盛頓看見爸爸很生氣，心裏雖然害怕被處罰，但還是鼓起勇氣承認了錯誤。父親被感動了，稱華盛頓的誠實比所有櫻桃樹都寶貴。

58.6

六三：來兌［1］，凶。

《象》曰：「來兌」之「凶」，位不當也。

【注釋】

〔1〕來：爻自下向上為往，自上來下為來。

【譯文】

　　六三：前來取悅於人，有兇險。

　　《小象傳》說：「前來取悅於人」的「兇險」，這是因為「六三」居位不中不正。

【解說】

　　「六三」是內卦的主爻，以陰爻居陽位，不中不正，象徵缺乏誠信之德。它在外卦又無相應，因而，只好以不正當的手段取悅上下的四個陽爻；但「初九」剛正，「九二」居中，「九四」與之隔絕，「九五」中正，均不受其擺佈。「六三」無才無德，四處討好，巧言令色謀取私利，終將如曇花一現，成為被大眾鄙視唾棄的對象，十分兇險。

【智慧點津】此爻揭示和悅待人應正當，而非諂媚。

【案例解讀】<u>小學老師做微商，拉家長買產品被立案查處</u>。據央視網 2020 年7 月 12 日報導：6 月 29 日，幾位學生家長拿著一沓微信截圖證據材料來到浙江省樂清市紀委市監委派駐市教育局紀檢監察組投訴孩子老師沉迷於做微商。接到舉報後，該組聯合市教育局機關紀委迅速行動。經查，自 2018 年年底起，虹橋二小教師王某在網絡某交易平臺從事微商經營活動，通過推薦產品賺取提成。2020 年 2 月開始，通過微信朋友圈從事一種名為「X 教授」減肥產品的網絡營銷活動。王某在上班時間也開展微商兼職經營活動，部分學生家長由其介紹加入微信購物群或實際購買產品。由於違規從事「微商」經營活動，王某受到立案查處。

58.7

　　九四：商兌〔1〕，未寧，介疾有喜〔2〕。

　　《象》曰：「九四」之「喜」，有慶也。

【注釋】

〔1〕商：商量，交談。

〔2〕介：隔離。疾：疾病。喜：病癒。

【譯文】

九四：心中思慮所喜悅之事不能安寧，遠離邪疾必有喜慶。

《小象傳》說：「九四」的「喜悅」，令人慶幸。

【解說】

上交互卦為巽，巽為風，風可進可退，故有「未寧」之象。「六三」至「上六」構成大坎卦，坎為加憂，為心病；上卦為兌，兌為喜悅，所以又有「介疾有喜」之象。「九四」以陽爻居陰位失正，其夾在「九五」君子與「六三」小人之間難以抉擇。起初，它經受不住「六三」的誘惑，意亂情迷；後來，它毅然與「六三」劃清界限，就像治癒小病，終於帶來喜悅。

【智慧點津】此爻揭示和悅待人應堅守正道，斷然去惡。

【案例解讀】<u>特級教師倡議「過節不收禮」</u>。據《南京晨報》2006 年 9 月 8 日刊載：每逢教師節，都有學生和家長挖空心思給老師送禮，這讓不少老師十分為難。昨天，浦口區教育局召開教師節座談會，會上，南京行知小學校長、特級教師楊瑞清代表南京市浦口區部分教師發出一份倡議書，倡導全區師生在第 23 個教師節來臨之際，「奉獻愛心，拒絕收禮」。此舉讓雙方拍手稱快，實乃「商兌未寧，介疾有喜」。

58.8

九五：孚於剝〔1〕，有厲〔2〕。

《象》曰：「孚於剝」，位正當也。

【注釋】

〔1〕剝：剝蝕。

〔2〕厲：危險。

【譯文】

九五：施誠信於消剝陽剛的陰柔小人，有危險。

《小象傳》說：「施誠信於消剝陽剛的陰柔之人」（有危險），是因為「九五」正處君位的緣故。

【解說】

「剝」指「上六」陰爻將「九五」陽爻剝蝕。「上六」陰柔，為「兌」卦之主而處「悅」之極。「九五」陽剛居君位，且得乎中正，與「上六」最為親近，有被其取悅和蒙蔽的危險。「九五」如果真的謬信他，受其諂媚和引誘，就會沉迷於無端的歡悅之中，異常兇險。

【智慧點津】此爻揭示居上位者，應謹防巧言令色的誘惑。

【案例解讀】吉林原總督學受賄千萬被捕。據《檢察日報》2010 年 8 月 3 日報導：2001 年至 2009 年，於某昌利用擔任吉林省高校黨工委副書記、省教育廳副廳長、省政府教育督導團總督學的職務之便，單獨或夥同他人在學生擇校、考試錄取、調劑專業等方面為他人謀取利益，多次非法收受或索取他人財物共計 953 萬元。最後，法院判處其無期徒刑。據悉，他從收受賄賂 1 萬元開始，逐漸沉迷於貪欲而陷入泥潭。「孚於剝」「伸手必被捉」，廣大黨員幹部應以此為戒，避免重蹈其覆轍。

58.9

上六：引兌〔1〕。

《象》曰：「上六引兌」，未光也〔2〕。

【注釋】

〔1〕引：引誘。

〔2〕光：光大。

【譯文】

上六：引誘別人一同愉悅。

《小象傳》說：「上六引誘別人一同愉悅」，說明它的喜悅之道尚未發揚光大。

【解說】

「上六」以陰爻居陰位，當位得正，是上卦的主爻。但它處兌卦之極，本性陰柔而沒有才德，又喜歡阿諛奉承引誘下方的兩個陽爻。不過，這種取悅於人的手段，畢竟不是光明正大，因而最終不會有好的下場。

【智慧點津】此爻揭示小人不可不擇手段取悅於人。

【案例解讀】校外小賣店「抽獎」引誘學生。據隨州網 2019 年 6 月 15 日報導：市內某些學校門口的小賣部經常有類似於抽獎、砸蛋之類的帶有「賭博」性質的行為，會誘導中小學生拿著零花錢去購買，說是會有 1 至 20 元的現金獎品，其實中獎機率非常小。筆者以為，它既破壞了學生的身心健康，又滋長了攀比之風，還極易荒廢學生的學業，因而，相關部門應加強校園周邊環境的安全監管，還學生一個綠色健康的學習環境。

59. 渙卦第五十九——師德渙散

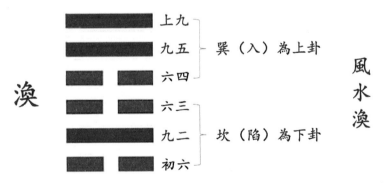

導讀：「憂勞可以興國，逸豫可以亡身。」作為教育工作者，要志存高遠，自覺抵制各種消極影響，永不懈怠，永遠保持旺盛的生命力。

卦體下坎上巽。巽為風，坎為水，風行水上，有水波離散之象。「渙」，本義指水向四處流散；卦義為渙散、離散，象徵組織和人心渙散。本卦闡釋治渙之道。

59.1

渙：亨，王假有廟[1]。利涉大川，利貞。

【注釋】

〔1〕假：通「格」，至，達到。有：於。

【譯文】

《渙》卦象徵渙散：亨通，賢明的君王來到宗廟舉行祭祀，以消災祈福。有利於渡過艱難險阻，有利於堅守正道。

【解說】

渙是冰融解破裂，水波離散，「渙呵其若冰釋」，猶如喜悅使鬱悶渙散，所以卦辭說「亨」。上巽木，下坎水，象徵木舟行在水上，所以卦辭又說「利涉大川」。卦中「九五」是濟渙的主體和核心，當天下離散之時，君王應以至誠，到宗廟祈禱，獲得神的保佑，從而凝聚人心，共克時艱。聚合人心，必須「利貞」，才可大可久。

59.2

《彖》曰：渙，「亨」，剛來而不窮〔1〕，柔得位乎外而上同〔2〕。「王假有廟」，王乃在中〔3〕也。「利涉大川」，乘木有功〔4〕也。

【注釋】

〔1〕剛來而不窮：指「九二」陽爻來自節卦「九五」。
〔2〕柔得位乎外而上同：指「六四」以陰爻居於陰位得位。它在外卦居於「九五」之下，是柔順從於剛，下順從於上，故言「柔得位乎外而上同」。
〔3〕王乃在中：指「九五」以陽爻居於上卦的尊位和中位。
〔4〕乘木有功：渙卦上巽為木，喻船；下卦為坎，為水。木乘水，故言「利涉大川」。

【譯文】

《彖傳》說：渙散可致「亨通」，是因為「九二」剛爻從上卦下來居於下卦中位，具有剛中之德，所以不窮困，「六四」柔爻居位得當而與同在外卦的「九五」剛爻同心同德。「君王親自到宗廟祭祀」，是說「九五」君王在外卦中位，具有中正之德，可以團結大家濟渙。「有利於渡過艱難險阻」，是說乘著木舟過河會成功。

59.3

《象》曰：風行水上，渙。先王以享於帝立廟〔1〕。

【注釋】

〔1〕享：祭祀。立：建立，設立。

【譯文】

　　《大象傳》說：風吹行水上，水波四處飄蕩，象徵著渙散。古代君王效法此象，隆重地祭祀上帝，建立宗廟，從而凝聚人心。

【解說】

　　風吹行水上，水波四處擴散，有渙散之象。如何凝聚人心？古時最有效的辦法就是對天帝、神靈和先祖開展祭祀活動。因而，教育工作者從中得到啟示，要經常組織學生開展各種德育實踐活動，讓其求真、求善、求美，樹立正確的世界觀、人生觀和價值觀。

59.4

　　初六：用拯馬壯〔1〕，吉。
　　《象》曰：「初六」之「吉」，順也〔2〕。

【注釋】

　　〔1〕拯：拯救。
　　〔2〕順：「初六」陰爻順從於居上位的「九二」陽爻。

【譯文】

　　初六：渙散時借助健壯的好馬，盡力拯救可獲吉祥。
　　《小象傳》說：「初六」的「吉祥」，這是因為它能夠順承「九二」的緣故。

【解說】

　　下卦為坎，坎為險為美脊馬；下交互卦為震，震為動，故有「馬壯」之象。「初六」處渙散之初，坎險之下，渙散還不嚴重，還較易於拯救。但它資質陰柔無力，加之與「六四」敵應無援，沒有能力濟渙。幸而，它緊鄰「九二」這匹陽剛壯馬，能順而從之，所以最終安然無恙，可獲吉祥。

【智慧點津】此爻揭示挽救渙散，應盡早採取對策。

【案例解讀】晉江市教育局整頓教職員工做「微商」。「孩子老師沉迷於做微商，朋友圈裏全是廣告，這樣的老師還有心思教書嗎？」近年來，隨著自媒體的迅速發展，微商亦悄然興起，少數教師也加入了其行列。眾所周知，教

師兼職做微商，既消耗個人大量精力，又影響本職工作，還有可能滋生家長被「綁架」消費。為防患於未然，2017年福建省晉江市教育局下發了《關於開展教職員工從事「微商」等營利性活動問題自查自糾的通知》，明確禁止教師做「微商」搞營利性活動。此舉，有力地打消了部分教師麻痺、鬆懈的思想，規範了他們的從教行為。

59.5

九二：渙奔其機〔1〕，悔亡。

《象》曰：「渙奔其機」，得願也。

【注釋】

〔1〕機：通「幾」，几案。

【譯文】

九二：渙散之時直奔可以作為依靠的几案，悔恨便會消失。

《小象傳》說：「渙散之時直奔可以作為依靠的几案」，是說君子安全如願以償。

【解說】

下交互卦為震，震為足，為動，故有「奔跑」之象。「九二」以陽爻居陰位不正，應當有後悔；不過，其本身居於中位，具有持守中正的本性，雖處於險中，但不輕易冒進，使想像中的後悔消失。「初六」以「九二」為「壯馬」，「九二」以「初六」為「機」，兩者陰陽相合相聚，得以安然渡過險難，使預料中的後悔消除。

【智慧點津】此爻揭示挽救渙散，應借力團結共進。

【案例解讀】教育聯盟出成效。據寶雞新聞網2020年6月24日報導：寶雞市自2016年啟動城鄉教育聯盟，通過「合縱連橫」、共建共享，建「朋友圈」，搭「立交橋」，走出了一條城鄉一體、優質均衡發展的新路子。城鄉教育聯盟運行以來，示範校和農村薄弱學校彼此優勢互補，資源共享，差異共融，有力推動了全市教育均衡發展。據悉，一大批農村薄弱學校乘機「渙奔其機」，脫穎而出，辦學水平和教育質量大輻提升，成為老百姓家門口的好學校。

59.6

六三：渙其躬〔1〕，無悔。

《象》曰：「渙其躬」，志在外也。

【注釋】

〔1〕躬：自身。

【譯文】

六三：渙散其私心，沒有什麼悔恨。

《小象傳》說：「渙散其私心」，說明君子志在向外發展。

【解說】

下卦為坎，坎為弓輪，與人身背脊為弓形相似，故有「渙其躬」之象。「六三」以陰爻居陽位，不中不正，本來自私自利，才幹不足，原本擁有悔恨。所幸，它能去私改過，敞開胸懷向外尋求志同道合者，與「上九」陰陽相應，以共同濟助時弊，必然會使後悔消失。

【智慧點津】此爻揭示挽救渙散，要忘身無私。

【案例解讀】陳立群樹「臺中」新風。陳立群是浙江省原杭州學軍中學校長，2019 年被授予「時代楷模」稱號。2016 年，陳立群退休後自願擔任貴州省黔東南苗族侗族自治州臺江縣民族中學校長，不拿一分錢工資、獎金和生活補助。上任伊始，他發現學校管理渙散，教師隊伍鬆弛，教風和學風較差——「早自習稀稀拉拉，晚自習吵吵鬧鬧，老師上課敷衍了事。」為了迅速扭轉這種局面，他開始大刀闊斧地改革，如開除不合格的老師，整治課堂和自習紀律，幾個月後，學校風氣大有轉變，各項工作逐步走向正軌，呈現欣欣向榮的可喜景象。這真是「渙其躬，志在外也」的生動典範。

59.7

六四：渙其群〔1〕，元吉。渙有丘〔2〕，匪夷所思〔3〕。

《象》曰：「渙其群，元吉」，光大也。

【注釋】

〔1〕群：朋黨。

〔2〕丘：山丘，這裡比喻人群聚集。

〔3〕匪：通「非」，不。夷：平，平常。

【譯文】

六四：渙散他的朋黨，大吉大利。渙散小群體而凝聚成山丘般的大集體，這不是常人所能想得到的。

《小象傳》說：「渙散他的朋黨，大吉大利」，說明「六四」品德光明正大。

【解說】

上交互卦為艮，艮為山，故說「渙有丘」。人和人之間相處久了，會形成小團體、小幫派等狹隘利益圈，只有剷除這些毒瘤，才能弘揚正氣，凝聚人心。「六四」與「初六」無應，象徵他能排除私黨。「六四」以陰爻居陰位得正，上接「九五」之君，說明他能以柔順謙恭之德，和「九五」中正之君，合力解決人心渙散的弊端。「小人喻於利，君子喻於義」，「九四」作為拯救渙散的重臣，他能恪守公道和正義，讓群眾聚結得像山丘，這不是常人所能想得到的，所以非常吉祥。

【智慧點津】此爻揭示挽救渙散，應排除私黨，顧全大局。

【案例解讀】包全傑樹東方紅小學新風。包全傑是遼寧省政協委員，鳳城市東方紅小學校長。在任該校校長之初，學校校舍破舊，操場狹窄，教職工中派系嚴重。為了治理這些亂象，他先建立週末例會制度，表揚先進，批評不足，注重和有情緒的教師溝通；再組織制定了《教師在校行為規範》等，接著號召社會各界人士集資辦學。經過他的不懈努力，沒過多久，學校面貌和風氣煥然一新。這正是「渙其群，元吉。渙有丘，匪夷所思」的生動例證。

59.8

九五：渙汗其大號〔1〕，渙王居〔2〕，无咎。

《象》曰：「王居无咎」，正位也。

【注釋】

〔1〕大號：君王的命令。〔2〕居：居積（財富）。

【譯文】

九五：像渙散汗水一樣發布君王的命令，廣散君王的積財以聚合民心，沒有災禍。

《小象傳》說：「廣散君王的積財沒有禍患」，是因為君主地位得當。

【解說】

上卦為巽，巽為風，風吹拂大地，故有「大號」之象。上交互卦為艮，艮為止，所以又有「居」之象。汗流出後就不能再取回，疾病也會消失，君王的命令，也是如此。「九五」以陽爻居陽位，有中正之德和君臨天下之象。當天下渙散之時，君王像發汗一般發號施令，令出必行；又能散發積蓄，樂善好施，收穫民心，如此渙散必會自行消除，沒有禍害。

【智慧點津】此爻揭示挽救渙散，領導者應英明決策，惠澤大眾。

【案例解讀】教育部發文消滅本科「水課」。2019 年 10 月 31 日，教育部印發《教育部關於一流本科課程建設的實施意見》規定，今後高校要全面開展一流本科課程建設，提出淘汰「水課」、打造「金課」、取消「清考」、教授上課等硬規定。此舉有利於大學廣大師生增強危機意識，促進各校本科教育教學質量的提高。

59.9

上九：渙其血去，逖（tì）出〔1〕，无咎。

《象》曰：「渙其血」，遠害也。

【注釋】

〔1〕血：通「恤」，憂患。去：除去。逖：通「惕」，驚懼。

【譯文】

上九：擺脫流血之傷，消除驚嚇，沒有災禍。

《小象傳》說：「擺脫流血之傷」，是說「上九」已經遠離危害。

【解說】

下卦為坎，坎為水，為血，為憂愁；「上九」遠離坎險中相應的「六三」，故有「渙其血去，逖出」之象。「上九」處於渙卦之終，物極必反，渙散至極則四方聚合，憂患消失。它距離下卦「坎」的險最遠，自然不會受到流血的傷害和憂懼的困擾。所以，遠離可能受傷的場所，就不會有災難。

【智慧點津】此爻揭示渙極則聚，遠害無渙。

【案例解讀】「路隊放學」保平安。據東方之光 2015 年 12 月 21 日報導：湖北省仙桃市大新路小學，學生人數眾多，位於繁華的城區中心，商鋪林立，車水馬龍，川流不息。特殊的地理位置，給學生的出行帶來了極大安全隱患，為了破解這一難題，學校在校園設置了警示門，鐫刻了警示語和提示語，設計了《學生行為規範七不准》《學生行為規範十要十不要》《上學、放學歌》等一系列文化櫥窗，還聯合交警部門成立了交警護學崗，聯合城管部門取締了流動攤點。同時，學校還出臺了《關於規範路隊放學秩序確保學生安全的管理辦法》。長期的堅持讓放學隊伍自由散漫、吵鬧雜亂的陋習煙消雲散，取而代之的是快、齊、靜，這些舉措有力地確保了學生出行的安全。

60. 節卦第六十——恰當節制

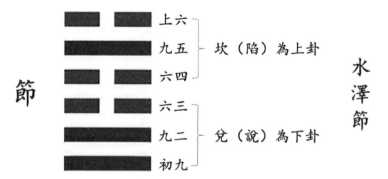

導讀：「歷覽前賢國與家，成由勤儉破由奢。」作為教育工作者，應學為人師，行為示範，廉以修身，儉以養德，以自己的言行教育學生養成節儉的

美德，培育良好的社會風尚。

卦體下兌上坎。坎為水，兌為澤，澤上有水，有水漫堤壩之象。「節」，本義指竹節，有止的含義；卦義為節制，節度、節儉等。本卦主要闡述節制之道。

60.1

節：亨。苦節〔1〕，不可貞。

【注釋】

〔1〕苦節：以節約、節制為苦。

【譯文】

《節》卦象徵節制：亨通。但過度節制不可奉為常則。

【解說】

節制是美德，善節則政通人和，國泰民安；反之則勞民傷財，苦不堪言。因而，我們只有謹守節制的中道，隨機應變，才不會痛苦，真正達到節制的目標。

60.2

《彖》曰：節，「亨」。剛柔分而剛得中〔1〕。「苦節，不可貞」，其道窮也。說以行險〔2〕，當位以節，中正以通。天地節而四時成。節以制度，不傷財，不害民。

【注釋】

〔1〕剛柔分而剛得中：指本卦有三個陽爻和三個陰爻，剛柔各半，並且「九五」和「九二」都是以陽爻居於上下卦的中位。

〔2〕說以行險：節卦下卦為兌，為說（「說」通「悅」）；上卦為坎，為險，故言「說以行險」。

【譯文】

《彖傳》說：節制可獲「亨通」。卦中三個陽爻與三個陰爻均衡相分，而「九五」和「九二」剛爻分別居於上下卦的中位。「過度節制不可奉為常則」，因為這樣必然走向窮途末路。君子遇險卻能微笑面對，居位妥當而能自我節制，並以中正行事，必將暢通無阻。天地有節制、有規律地運行，從而形成一年四季。國家用典章制度來節制，就不會浪費錢財，傷害百姓。

60.3

《象》曰：澤上有水，節。君子以制數度〔1〕，議德行〔2〕。

【注釋】

〔1〕數度：各種等級的禮儀和規範。

〔2〕議：評議。

【譯文】

《大象傳》說：大澤上面有水，象徵著以堤防來節制。君子效法此象，制定各種等級的禮儀和規範，來評議人的道德和品行。

【解說】

大澤上面有水，隨時會泛濫成災，因此要築堤加以節制防範，有節制之象。教育工作者從中得到啟示，教育主管部門不要胡亂制定各種規章制度，讓師生無所適從。同時，各級各類學校也不要巧立名目亂收費，增加學生和家長負擔。

60.4

初九：不出戶庭〔1〕，无咎〔2〕。

《象》曰：「不出戶庭」，知通塞也〔3〕。

【注釋】

〔1〕戶庭：一扇門的房屋，住房的內院。

〔2〕咎：災禍。

〔3〕通：暢通。

【譯文】

初九：不走出屋門內院，沒有災禍。

《小象傳》說：「不走出屋門內院」，說明知曉通則當行，阻則當止的道理。

【解說】

下交互卦為震，震為動，引申為行走；上交互卦為艮，艮為止，為門闕，引申為阻止行動，故有「不出戶庭」之象。「初九」以陽爻居陽位，陽剛得正，

有向上進取的能力，但時機尚未成熟。因為它位於節卦之初，向上既和「六四」坎險相應，又前有「九二」阻攔。「初九」能審勢自我節制，不走出內院，這樣小心謹慎，自然不會有什麼災難。

【智慧點津】此爻揭示節制之初應慎行守正、自我節制。

【案例解讀】<u>北京外國語大學延期開學</u>。據搜狐號 2020 年 2 月 5 日報導：近日，新型冠狀病毒肺炎蔓延全國，為了積極響應政府號召和維護廣大師生的生命健康，該校作出了延期開學的決定。整體教學時間暫時調整為：3 月 2 日到 4 月 30 日實施線上教學，5 月 1 日之後開始恢復課堂教學。廣大師生在此期間「家裏蹲」——「不出戶庭」，怎麼會有過錯呢？

60.5

九二：不出門庭〔1〕，凶。
《象》曰：「不出門庭，凶」，失時極也。

【注釋】
〔1〕門庭：兩扇大門的房屋，住房的外院。

【譯文】
九二：因過分節制而不跨出大門庭院，會有兇險。
《小象傳》說：「因過分節制而不跨出大門庭院，會有兇險」，說明「九二」徹底地喪失了時機。

【解說】
「不出門庭」取象和「初九」相同。「九二」以陽爻居陰位失位不正，有節制不當之象。它陽剛得中，前有二陰開路，已經可以外出。然而，它顧及上卦沒有「九五」應援，不知道變通，仍然節制，不走出外院，所以兇險。

【智慧點津】此爻揭示過度節制，就會錯失時機。

【案例解讀】<u>被遺忘，4 歲男童車內身亡</u>。據中國經濟網 2019 年 6 月 21 日載：遼寧警方通報：2019 年 6 月 18 日上午 8 時許，凌源市萬元店鎮童馨幼兒園園長兼司機榮某某在接孩子去幼兒園時，將一名 4 歲男童馬某遺忘在車內。當日

下午 16 時許，發現馬某在車內已不幸死亡。目前，該幼兒園園長榮某某及小班班主任鄒某、幼師石某，均因涉嫌過失致人死亡罪被依法刑事拘留。

60.6

六三：不節若，則嗟若〔1〕，无咎。

《象》曰：「不節」之「嗟」，又誰「咎」也？

【注釋】

〔1〕嗟：歎息。若：語助詞。

【譯文】

六三：不能自我節制，就嗟歎自悔，沒有災禍。

《小象傳》說：「不能自我節制」而導致的「嗟歎自悔」，又有誰會去「責怪」他呢？

【解說】

下卦為兌，兌為口，為喜悅，故有「嗟」之象。「六三」以陰爻居陽位，不中不正，違背節制之道；它前有「六四」阻擋，上與「上六」無應，又下乘「九二」陽剛無助，還處「兌」極，以致不能節制，樂極生悲，嗟歎不已。然而，如果它能悔悟，改過自新，那麼又有誰會再去責怪他呢？

【智慧點津】此爻揭示當節不節有兇險，而反省則可以免災。

【案例解讀】「高考狀元」常書傑：沉迷遊戲被北大勸退，復讀後又考進清華。常書傑畢業於湖北省荊門市鍾祥一中。2015 年高考中，他以 690 分的高分被北京大學錄取，並獲得北大的「高通獎」。然而，出乎意外的是，入學一個月後，他就鬆懈下來，開始沉迷於遊戲，每天逃課待在宿舍玩電腦，很少去教室上課。期間，雖然有眾多老師、同學勸他，他都無動於衷。最後，他不得已被校方勸退。所幸，經過一段時間的深刻反省，他放棄了遊戲，放下了包袱，再次回到母校備戰高考。他把時間都放在了學習上，每天除了上廁所，一直都在座位上看書和學習。皇天不負有心人。2019 年的高考中，他勇奪湖北理科狀元，以總分 712 的成績進入清華大學就讀。「不節若，則嗟若」，「誰若遊

戲人生，他就一事無成；誰不主宰自己，他永遠是個奴隸。」

60.7

六四：安節，亨。

《象》曰：「安節」之「亨」，承上道也〔1〕。

【注釋】

〔1〕承：「六四」柔順遵從上位的「九五」。

【譯文】

六四：心安理得的節制，亨通。

《小象傳》說：「心安理得節制帶來亨通」，是由於它順承謹守尊上之道。

【解說】

上交互卦為艮，艮為山，為止，安如泰山，故有「安節」之象。「六四」以陰爻居陰位，柔順得正，在上方承接卦主「九五」中正之君，能夠順應規律，安守本分，心安理得的節制，所以天下康泰，亨通無比。

【智慧點津】此爻揭示節制應心安理得。

【案例解讀】<u>教授有車不開十餘年來每天暴走10公里上班</u>。據《瀋陽日報》2013年7月26日報導：高凱徵是遼寧大學教授，遼寧廣告職業學院院長。十多年前，他放著豪車不坐，每天堅持步行10至15公里上班，即使颳風下雨也不間斷。面對誤解，他堅持「走自己的路，讓別人去說吧」。步行，使他走出了健康，走出了習慣，也走出了理性和境界。正如他所說：「放棄享受，綠色出行，是一件善事，更是一種美德。」此實乃「安節」之「亨」。

60.8

九五：甘節〔1〕，吉；往有尚〔2〕。

《象》曰：「甘節」之「吉」，居位中也。

【注釋】

〔1〕甘：甜美、愉快。

〔2〕尚：讚揚。

【譯文】

九五：甜美愉快地節制，吉祥。往前行動，會得到別人的讚揚。

《小象傳》說：「甜美愉快地節制是吉祥的」，是因為「九五」所居既中且正。

【解說】

下卦為兌，兌為口；若「九五」發生爻變，則上卦變為坤卦，坤為土，其味甘，故有「甘節」之象。「九五」以陽爻居陽位，既中且正，在君位，為節卦之主，能恰如其分地施行節制。他能以王者之尊，自奉節儉，治國理政，節以制度，不勞民傷財，必使百姓甘之如飴，自然獲得他們的大力擁護。

【智慧點津】此爻揭示節制應以中正為本，率先垂範。

【案例解讀】梅貽琦「甘節」治校。梅貽琦在執掌清華大學校長期間，始終堅持勤儉辦學，廉潔治校。他說：「讓我管這個家，就得精打細算。」作為一校之長，他凡事率先垂範。如他主動放棄校長享受的免交電話費，免費拉兩噸煤，免費雇傭家庭幫工等。他終身從事教育事業，擔任過多處要職，但始終公私分明，絕不苟取分文。晚年患病期間，甚至無力支付醫藥費，靠清華校友募集的部分資金，才渡過了難關。去世後，其隨身攜帶的手提包裏沒有任何值錢的財物，有的只是清華基金的帳目，一筆筆非常清楚，令在場者無不落淚。他兩袖清風，治校有方，引領清華成為世界知名學府，被譽為清華的「終身校長」，有道是「甘節，吉」。

60.9

上六：苦節，貞凶〔1〕，悔亡。

《象》曰：「苦節，貞凶」，其道窮也〔2〕。

【注釋】

〔1〕貞：守正。

〔2〕窮：盡，這裡指「上六」居於最上位。

【譯文】

上六：極端節制，令人痛苦，應當堅守正道以防止兇險，悔恨就會消失。

《小象傳》說：「極端節制，令人痛苦，應當堅守正道以防止兇險」，因為這種節制必然導致窮途末路。

【解說】

「九二」至「九五」構成大離卦，離為火，火向上燃燒產生苦味，故有「苦節」之象。「上六」處節卦之極，極端的節制，則會令人痛苦不堪，走向窮途末路；然而，它又以陰爻居陰位，當位得正，因此守正就可以防止危險。

【智慧點津】此爻揭示過分節制則適得其反。

【案例解讀】<u>教師「帶病上崗」</u>。近些年來，少數教師坐著輪椅上課，掛著弔瓶上課，拉著繩子上課……有的平安無事，有的猝死在工作崗位。他們默默無聞，撐起了基礎教育的一片藍天。筆者以為，在以人為本的時代背景下，這種精神固然可嘉，但不宜提倡，畢竟敬業不等同於忽視自己的健康，或犧牲自己的生命，乃至犧牲家人。

61. 中孚卦第六十一──誠信立身

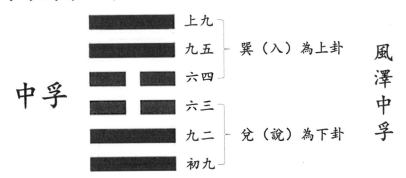

導讀：「人而無信，不知其可也。」作為教育工作者，應教育學生誠實守信，努力做「一個高尚的人，一個純粹的人，一個有道德的人，一個脫離了低級趣味的人，一個有益於人民的人」。

卦體下兌上巽。巽為風，兌為澤，澤上有風，風施澤受，猶誠之感於中；又巽為順，兌為悅，和悅而遜順，皆為中心誠信之象。卦形外實內虛，「九二」與「九五」陽爻居中位，比喻心中誠信。《中孚》，卦義為心中誠信；孚，本義是孵，孵卵不能延誤日期，有信的含義。本卦闡釋誠信之道。

61.1

中孚：豚（tún）魚〔1〕吉。利涉大川，利貞。

【注釋】

〔1〕豚魚：小豬和小魚，古人認為他們愚昧無知。

【譯文】

《中孚》卦象徵心中誠信：誠信感化愚鈍無知的小豬和小魚，吉祥。有利於渡過艱難險阻，有利於堅守正道。

【解說】

「唯天下至誠，為能經綸天下之大經，立天下之大本，知天地之化育。」誠信可以感化「豚魚」瞑頑之物。本卦上卦為巽，為木；下卦為兌，為澤，木在澤上，象徵舟楫行於澤水之上，可以冒險犯難，故言「利涉大川」。然而，誠信必須以堅守正道為先決條件，否則與邪惡之徒朋比為奸，只會事與願違。

61.2

《彖》曰：中孚，柔在內而剛得中〔1〕，說而巽〔2〕，孚乃化邦也。「豚魚吉」，信及豚魚也。「利涉大川」，乘木舟虛〔3〕也。中孚以「利貞」，乃應乎天也。

【注釋】

〔1〕柔在內而剛得中：指「六三」和「六四」以陰爻居於卦內，「九五」和「九二」則以陽爻分別居於上下卦的中位。

〔2〕說而巽：中孚卦下卦為兌，兌為悅（「說」通「悅」，喜悅）；上卦為巽，巽為遜（「巽」通「遜」，謙遜）。

〔3〕乘木舟虛：指中孚卦上卦為巽，巽為木，下卦為兌，兌為澤，木在水上，故有乘中空的獨木舟的象徵，故言「乘木舟虛也」。

【譯文】

　　《彖傳》說：心中誠信，說的是「六三」和「六四」以柔爻居於內部，而「九五」和「九二」則以剛爻分別居於上下卦的中位，也就是說君子能心懷柔順而外在剛健。他對人和悅又謙虛，如此誠信就可以教化整個國家。「誠信感化小豬和小魚，吉祥」，是說誠信及於小豬和小魚那樣微賤的東西。「有利於渡過艱難險阻」，是說乘坐中空的木船渡河，將暢行無阻。中孚卦適宜「堅守正道」，這是順應自然規律。

61.3

　　《象》曰：澤上有風，中孚。君子以議獄緩死〔1〕。

【注釋】

　　〔1〕議獄：審議刑事訴訟案件。

【譯文】

　　《大象傳》說：和風吹動著澤水，象徵著心中誠信。君子效法此象，反覆議論獄案，寬緩死刑。

【解說】

　　和風吹動著澤水，風施澤受，有誠信感化之象。教育工作者從中得到啟示，對嚴重違反校紀校規或犯罪的學生，要反覆討論，調查實情後予以定罪，並儘量緩慢執行。

61.4

　　初九：虞吉〔1〕，有它不燕〔2〕。
　　《象》曰：初九「虞吉」，志未變也。

【注釋】

　　〔1〕虞：預料，考量。
　　〔2〕燕：通「晏」，安。

【譯文】

　　初九：可以預料獲得吉祥，如果另有他求，就不會心安。

《小象傳》說：初九「可以預料獲得吉祥」，是因為它誠信的初衷，並沒有改變。

【解說】

下卦為兌，兌為喜悅，引申為安樂；上交互卦為艮，艮為停止，阻止安樂，故有「不燕」之象。「初九」以陽爻居陽位當位得正，處誠信之初，即能心無旁驚，獲得吉祥。如果另有心機，就會失去他人的信賴，自己內心忐忑不安。「初九」與「六四」相應，必須忖度對方，一旦相信，就應當堅信到底，矢志不渝。

【智慧點津】此爻揭示誠信之初應當慎重、專一。

【案例解讀】宋濂還書守時。明代大學問家宋濂小時候很喜歡讀書，但是家裏很窮，沒錢買書，他只好向別人借。每次借書，他都說好期限，按時還書，從不違約，人們都樂意把書借給他。一次，他借到一本書，越讀越愛不釋手，便決定把它抄下來。可是還書的期限快到了。他只好連夜抄書。時值隆冬臘月，滴水成冰。他母親說：「孩子，都半夜了，天這麼冷，天亮再抄吧。人家又不是等這本書看。」宋濂說：「不管人家等不等這書看，到期限就要歸還，這是信用問題，也是尊重別人的表現。如果說話做事不講信用，失信於人，怎麼可能得到別人的尊重呢？」試想一下，如果宋濂不誠信待人，「有它不燕」，後來又怎會成為「開國文臣之首」、「明初詩文三大家」之一呢？

61.5

九二：鳴鶴在陰〔1〕，其子和（hè）之〔2〕。我有好爵〔3〕，吾與爾靡（mǐ）之〔4〕。

《象》曰：「其子和之」，中心願也。

【注釋】

〔1〕陰：通「蔭」，即樹蔭。

〔2〕和：相應。

〔3〕爵：酒杯，這裡代指美酒。

〔4〕「爾」，你。靡：又作「縻」，繫戀、分散、共享的意思。

【譯文】

九二：老鶴在樹蔭下鳴叫，小鶴聲聲應和。兩者誠信相合，就像我有美酒，與你共同暢飲。

《小象傳》說：「小鶴聲聲應和老鶴」，說明它們表露出了心靈相通的意願。

【解說】

全卦中間似離卦，離為雉雞，與鶴同屬鳥禽；下交互卦為震，震為動；下卦為兌，兌為口，鶴出於口，故有「鶴鳴」「和之」之象。又下交互卦為震，震為缶，似爵，所以又有「爵」之象。「九二」與「九五」，在內外卦都得中且陽剛充實，象徵心中誠信；雖然遠離，但仍能相互呼應。好酒共享，誠意共鳴，「心有靈犀一點通」，豈不讓人痛哉快哉！

【智慧點津】此爻揭示誠信要發自內心，引起共鳴，才能發揮功用。

【案例解讀】中學生徐礪寒：一張道歉字條引發誠信共鳴。據網載：2012年11月2日中午，揚州大學附屬中學高一（2）班學生徐礪寒騎自行車刮蹭停在路邊的一輛寶馬車，留下一道劃痕。在無人知曉的情況下，他沒有選擇逃走，而是在原處等待20多分鐘後，留下了一張字條，寫下聯繫方式，表示願意承擔一切責任。這個舉動不但感動了車主，更是在全國引起了強烈反響。事後，車主凌先生說，車被刮傷，有點心疼，但是在瞭解情況之後，他的心裏只有感動，所以他主動拒絕了賠償，因為在凌先生看來，這樣的品質比金錢更可貴。這股「正能量」被網友拍下來上傳微博，很快就傳遍了全國，網友們稱徐礪寒為「最誠實的中學生」，並表示要向他學習。

61.6

六三：得敵，或鼓或罷〔1〕，或泣或歌。

《象》曰：「或鼓或罷」，位不當也。

【注釋】

〔1〕或：有時。鼓：擊鼓進攻。罷：停止後退。

【譯文】

六三：面臨強敵，有時擊鼓進攻，有時停止後退，有時因為戰敗而哭泣，有時由於取勝而歡歌。

《小象傳》說：「有時擊鼓進攻，有時停止後退」，這是因為「六三」居位不正的緣故。

【解說】

下卦為兌，兌為口，為澤；下交互卦為震，震為動，為鼓；上交互卦為艮，艮為山，為止，為罷，故有「或鼓或罷，或泣或歌」之象。「六三」以陰爻居於陽位，不正又不中，內心誠信之德缺失。「六三」雖與「上九」相應，但前面有「六四」敵人阻擋，後又有「九二」絆路，進退兩難，不知所措，故造成「或鼓或罷，或歌或泣」的情狀。此時它唯有安守誠信，遇險才能化險為夷。

【智慧點津】此爻揭示誠信必須堅定不移，否則產生禍患。

【案例解讀】說謊的牧童：「狼來了」。從前，有個放羊娃，很喜歡捉弄人，總是愛在山坡上大喊：「狼來了！狼來了！」第一次、第二次，大人們都趕到山上去救他，他卻哈哈大笑地說：「我是鬧著玩的！」大人們很生氣，教育他不可以撒謊。然而，第三次，狼真的來了，無論他怎樣哭喊，大人們都沒有理睬，結果他的羊全被狼吃了。

61.7

六四：月幾望〔1〕，馬匹亡〔2〕，无咎。

《象》曰：「馬匹亡」，絕類上也。

【注釋】

〔1〕幾望：接近滿月。

〔2〕匹：兩頭馬。亡：丟失。

【譯文】

六四：月亮接近圓滿之時，好馬失掉了匹配，沒有災禍。

《小象傳》說：「好馬失掉了匹配」，是說「六四」斷絕同類而專心事奉君主。

【解說】

「六四」以陰爻居陰位，柔順得正，是「九五」之君身旁的重臣。在誠貴專一之時，它毅然向上順承「九五」之君，而斷絕與同類「六三」的交往，捨棄「初九」相應之羈絆，就像一對馬，失去了匹配，沒有災禍。

【智慧點津】此爻揭示誠信應選擇正確的對象。

【案例解讀】<u>尉遲敬德忠心歸順李世民</u>。尉遲敬德本名尉遲恭，字敬德，朔州鄯陽縣人。唐朝開國名將，「凌煙閣二十四功臣」之一。大業十三年（617），他跟隨劉武周起兵，擔任偏將。武德三年（620），他久聞李世民的英明，歸順唐朝。起初，尋相和劉武周手下的一些舊將相繼叛變逃走，唐朝諸將認為他也必然會叛逃，都紛紛建議秦王將其殺掉以絕後患，但是李世民力排眾議，對尉遲敬德十分信任。尉遲敬德被李世民的胸懷所折服，從此死心塌地效命於他，忠心耿耿，不離不棄。此後，他跟隨李世民南征北戰，大破突厥，討伐遼東，立下了無數戰功，為唐朝的穩定和發展作出了巨大貢獻。

61.8

九五：有孚攣（luán）如〔1〕，无咎。
《象》曰：「有孚攣如」，位正當也。

【注釋】

〔1〕攣如：手之五指併攏、緊握的樣子。

【譯文】

九五：心存誠信如五指緊握一樣，沒有災禍。

《小象傳》說：「心存誠信如五指緊握一樣」，是說「九五」居位中正恰當。

【解說】

上爻互卦為艮，艮為山，為手指，故有「攣如」之象。「九五」以陽爻居

陽位，中正處尊，有至誠至信的品格，是本卦的核心。它陽剛充實，以至誠至信之心廣繫天下，天下亦以誠信相應。在下方，它又有賢臣「九二」和「六四」輔佐，彼此攜手並肩，精誠團結，自然正當而沒有災害。

【智慧點津】此爻揭示彼此誠信，才能相得益彰。

【案例解讀】<u>開展誠信校園教育</u>。據新華網山東頻道2019年12月16日報導：榮成市是全國徵信建設示範市，為加強中小學生誠信教育和信用管理，培育和踐行社會主義核心價值觀，榮成市第三十五中學試點開展學校誠信教育，對中小學教師和學生實行信用管理。該校根據相關法律法規，制定出臺了《榮成市第三十五中學推進中小學生信用管理實施辦法》，將教師的德勤能績和學生的德智體美勞等全部列入徵信管理範疇，對師生的各種表現進行評價。此外，學校還設立了徵信辦，為每一位師生建立信用信息電子檔案，及時收集守信和失信事實，褒揚誠信，懲戒失信。師生的信用記錄，是教職工的評優選模、職稱評定的重要依據，也是學生參加各種評優活動、享受各種補助等的重要參考，大大提高了徵信體系的影響力，極大地激勵和約束了師生的言行，加強了對師生的規範和管理，對教師隊伍建設和學生的思想品德教育發揮了重要作用。

61.9

上九：翰音登於天〔1〕，貞凶。
《象》曰：「翰音登於天」，何可長也？

【注釋】

〔1〕翰：赤羽的山雞，即錦雞，祭天之物。登：上升。

【譯文】

上九：雞叫聲上達於天，應當堅守正道以防兇險。
《小象傳》說：「雞叫聲上達於天」，這種聲音虛而不實，怎麼可能長久保持呢？

【解說】

上卦為巽，巽為雞；「上九」位居天位，故有「翰音登天」之象。雞每天

晨鳴按時守信，所以這裡用它來說事。「上九」以陽爻居陰位，失位不正；還處中孚之極，有誠信過盛而虛偽興起之象。雞本是地上之物，現在卻想高飛鳴叫於天，聲高於情，名實不符，必然曇花一現，兇險無疑。

【智慧點津】此爻揭示不可因誠信而華而不實。

【案例解讀】「造假式」迎檢該徹底根除了。據紅網 2013 年 11 月 20 日載：最近，自貢市某實驗學校以「打造書香校園，擴大學生閱讀面」為名，向全校 5400 餘學生借書，數量為每人 10～15 本。消息一經發出，引來部分家長質疑借書的原因。據悉，學校借書除了是為打造「書香校園」外，另一個原因是為了迎接省相關部門對該校的檢查。因為，學校圖書量不夠，要借書充數。筆者認為，如此「造假式」迎檢，名不符實，既浪費了師生大量的人力、物力和財力，又不利於上級主管部門瞭解實情和作出正確決策，還嚴重破壞了學校和政府公信力，實在是「翰音登於天，何可長也？」

62. 小過卦第六十二──過斂適度

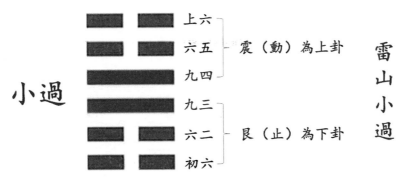

導讀：「矯枉總是過正，其實過猶不及。」作為教育工作者，教書育人應因時而變，把握分寸，適可而止，否則得不償失。

卦體下艮上震。震為雷，艮為山，山上有雷，聲音較平常隱約之象；卦象似飛鳥展翅，中間的二個陽爻類似於鳥身，上下的四個陰爻相當於翅膀。卦形四陰二陽，陽為大，陰為小，是陰過度的形象，所以是「小過」。《小過》，卦義為稍有逾越，造成的是小過失、小差錯。「過」，兼有經過，過度和過錯三意。本卦闡述過斂適度之道。

62.1

小過：亨，利貞。可小事，不可大事。飛鳥遺〔1〕之音，不宜上，宜下，大吉。

【注釋】

〔1〕遺：遺留。

【譯文】

《小過》卦象徵略為過分：亨通，有利於堅守正道。可以去做日常小事，但不可以幹大事；就像飛鳥剛飛留下悲鳴之聲，不應該強向上飛，而應該向下棲息，如此，大為吉祥。

【解說】

「失之毫釐，謬以千里。」日常小事，稍微過度，可以獲得亨通。「小過」二陰居中（陽剛失中），所以必須固守正道，只適合做小事，不能謀求大事。這正如鳥不宜往上飛，要往下飛，才能找到安全棲息之地。亦即在小有過度的時刻，不可以好高騖遠，應當腳踏實地，才會大吉大利。

62.2

《彖》曰：小過，小者過而亨也。過以「利貞」，與時行也。柔得中〔1〕，是以「小事吉」也。剛失位而不中〔2〕，是以「不可大事」也。有飛鳥之象焉，「飛鳥遺之音，不宜上，宜下，大吉」，上逆而下順也。

【注釋】

〔1〕柔得中：指「六二」和「六五」都是以陰爻居於上下卦的中位。
〔2〕剛失位而不中：指「九四」以陽爻居於陰位，而且不在中位。

【譯文】

《彖傳》說：小過，是說稍有過渡仍可亨通。過渡之時，「有利於堅守正道」，是說君子能進退合時。「六五」和「六二」陰爻分別居於上下卦的中位，像人才力不堪負重，所以「做小事吉祥」。「九四」以陽爻居於陰位失位，它和「九三」都不居中位，所以說「不可以謀劃大事」。本卦有飛鳥之象，「飛鳥剛飛過留下餘音，不適合逞強向上高飛，而適合安然向下落地，非常吉利」，這是因為向上謀求大事，是逆理而行，而向下安分守己做小事，則是順理之舉。

62.3

《象》曰：山上有雷，小過。君子以行過乎恭[1]，喪過乎哀[2]，用過乎儉[3]。

【注釋】

〔1〕乎：於。

〔2〕喪：辦理喪事。

〔3〕用：日常開支。

【譯文】

《大象傳》說：山上響雷略過平常，象徵著小有過度。君子效法此象，因此行止略過於恭敬，喪事稍過於哀痛，消費稍過於節儉。

【解說】

雷在天上的時候，聲音很大很遠；雷在山上，聲音有些隱約，有小過之象。教育工作者從中得到啟示，在處理日常小事時，要謙遜恭敬、謹慎誠信，不要做超越自己身份的事。

62.4

初六：飛鳥以凶[1]。

《象》曰：「飛鳥以凶」，不可如何也。

【注釋】

〔1〕以：將，有。

【譯文】

初六：飛鳥逆勢向上強飛將會出現兇險。

《小象傳》說：「飛鳥逆勢向上強飛將會出現兇險」，這是其咎由自取，無可奈何。

【解說】

本卦卦形如飛鳥展翅，全卦縮小即是坎卦，坎為險陷，故有「飛鳥以凶」之象。「初六」以陰爻居陽位失正，位卑才弱，本應該向下安居，但他倚仗與

上卦的「九四」相應，不顧「九三」的阻擋，一心朝上高飛；如此好高騖遠，不知收斂，必然兇險。

【智慧點津】此爻揭示過度應量力，好高騖遠有兇險。

【案例解讀】<u>家長花「天價」補習費崩潰</u>。據網載，貴陽一位父親高考前夕，為了提高兒子的學習成績，憂愁不已，到處篩選優秀的教育培訓機構。最後，他聽信一家輔導機構忽悠——經過幾個月的補習、衝刺，您孩子的高考分數一定能上一本大學，不惜血本出了「14萬元天價」的補習費。這期間，兒子每天八點就到輔導機構學習，晚上九點之後才回家。兒子的學習狀態，父母也都看在眼裏，本以為孩子這麼用功，高考一定會取得好成績，但出乎意料的是，今年兒子高考的成績比去年還低，僅僅考了254分。這讓父母立即崩潰，實在難以接受。筆者以為，這位家長急於求成之舉，「欲速則不達」，既消耗大量的時間和精力，還浪費了許多金錢，實乃「飛鳥以凶，不可如何也」。

62.5

六二：過其祖〔1〕，遇其妣〔2〕。不及其君，遇其臣〔3〕，无咎。

《象》曰：「不及其君」，臣不可過也。

【注釋】

〔1〕祖：祖父，這裡指「九四」。

〔2〕妣：祖母，這裡指「六五」。

〔3〕及：趕上。臣：臣僚。

【譯文】

六二：超過他的祖父，遇到他的祖母。沒有擅自越過他的君主，卻遇見了臣僚，沒有災禍。

《小象傳》說：「沒有擅自越過他的君主」，因為作為臣僚是不能超越君主的。

【解說】

「九三」可看作父，「九四」可看作祖；「五」是君位，由於這裡是陰爻，

故稱「姊」。「六二」以陰爻居陰位，柔順中正，它超越「九三」和「九四」與「六五」相應；不能直接到達君王面前，卻遇到了臣僚。然而，雖然沒有達到預期的應援，但仍然可以得到協助，所以沒有什麼禍患。

【智慧點津】此爻揭示過度要適當，堅守中正。

【案例解讀】<u>樂業高中老師婉拒家長謝師宴</u>。據樂業縣紀檢監察網 2021 年 8 月 20 日報導：「老師，沒有您的辛勤付出，我們無法進入理想的大學，這餐飯，請您無論如何都不能拒絕。」樂業縣高級中學高三幾名學生家長邀請班主任到家中參加宴席，「感謝家長的信任，我是公職人員要自覺遵守黨紀黨規。」某教師義正言辭拒絕了。據悉，今年樂業縣紀委監委堅持挺紀在前，制定《樂業縣印發關於嚴禁操辦「升學宴」「謝師宴」等違規酒席的通知》，對全縣黨員幹部提出紀律要求，尤其對今年有子女畢業、升學的黨員幹部重申紀律規定，提前「打招呼」，敲響「廉政鐘」，引導黨員幹部和國家公職人員明底線、知敬畏、守紀律。「君子之心，常懷敬畏。」該教師常懷敬畏，行有所止，自然能達到「无咎」的境地。

62.6

九三：弗過防之〔1〕，從或戕（qiāng）之〔2〕，凶。
《象》曰：「從或戕之」，凶如何也！

【注釋】

〔1〕弗：不。

〔2〕從：通「縱」，放縱。戕：殺害。

【譯文】

九三：不要超過而要預先防備，放縱將要為人所害，有兇險。

《小象傳》說：「放縱將要為人所害」，說明面臨的危險是多麼的嚴重啊！

【解說】

下卦為艮，艮為止，故說「弗過」。上交互卦為兌，兌為毀折，故說「戕」。「九三」以陽爻居陽位，有自恃陽剛而冒進之象。若盲目與「上六」陰柔小人

相應，就有被殺害的危險，但如果能謹慎不過分，遵循「不宜上，宜下」的宗旨，就可以防患於未然。

【智慧點津】此爻揭示過度應當分清界限，否則有凶。

【案例解讀】福建某學院教師王某某多次性騷擾學生問題。據教育部網站2020 年 12 月 7 日載：2019 年，王某某屢次言語騷擾在校學生，並通過微信等方式向多名學生發送性暗示詞彙和圖片，情節嚴重，影響惡劣。王某某的行為違反了《新時代高校教師職業行為十項準則》第六項規定。根據《教育部關於高校教師師德失範行為處理的指導意見》等相關規定，給予王某某開除處分，並撤銷教師資格，收繳教師資格證書，將其列入教師資格限制庫。

62.7

九四：无咎，弗過遇之。往厲必戒〔1〕，勿用永貞。

《象》曰：「弗過遇之」，位不當也。「往厲必戒」，終不可長也。

【注釋】

〔1〕厲：危險。戒：戒備。

【譯文】

九四：沒有災禍，不過分恃強恃剛就能遇到陰柔；前往會有兇險必須有戒備，不要固守陽剛必進的常規。

《小象傳》說：「不過分恃強恃剛就能遇到陰柔」，因為「九四」以剛爻居柔位，位置不正；「前往會有兇險必須有戒備」，是說這樣下去最終不會長久。

【解說】

上卦為震，震為動；上交互卦為兌，兌為口，為毀折，故有「往厲必戒」之象。「九四」以剛爻居於柔位，剛而兼柔，不會逞強，所以无咎。「九四」與「初六」陰陽相應，剛柔互補，相遇沒有危害。但「九四」是「九五」身邊的重臣，其居位又不正，如果自恃剛強，剛躁上進，就有功高震主之嫌，所以必須警惕守正，才可以安然無恙。「九四」不固守陽剛必進的常規，隨時順處，

時刻戒備，正符合小過之時「不宜上宜下」的卦旨。

【智慧點津】此爻揭示過與斂，必須掌握分寸，隨機變通。

【案例解讀】<u>因未完成作業被老師打傷耳朵</u>。據騰訊網 2019 年 7 月 15 日載：近日，南寧市經濟開發區一名四年級的小學生因為沒有完成作業，被某老師一巴掌打傷了耳朵。經過檢查，該學生為右外傷性鼓膜穿孔，家長要求索賠 5 萬。筆者以為，教師教育懲戒權是一把雙刃劍，必須謹慎行使，「弗過遇之」；否則，「往屬必戒」。

62.8

六五：密雲不雨，自我西郊，公弋取彼在穴〔1〕。
《象》曰：「密雲不雨」，已上也。

【注釋】

〔1〕公：指「六五」。弋：帶繩的箭，射出後可以拉回。彼：指隱居洞穴之中的賢人「六二」。穴：洞穴，這裡指和「六五」相應的「六二」。

【譯文】

六五：烏雲密布而不下雨，它是從我的西邊飄來；公侯射獸，在洞穴中捉到了獵物。

《小象傳》說：「烏雲密布而不下雨」，說明「六五」陰柔過盛，已經高居陽剛之上。

【解說】

上交互卦為兌，兌為西方，為澤，在天上為雲；下交互卦為巽，巽為風，風從西邊吹來，把雲吹走了，故有「密雲不雨，自我西郊」之象。又下卦為艮，艮為山洞，為手；下交互卦巽為繩，獸在穴中，所以又有「公弋取彼在穴」之象。小過卦以飛鳥取象，卻以飛為戒，因為飛就會向上，違背了小過之時「不宜上宜下」的警告。「六五」以陰爻居陽位，處尊居中，雖然能持守中道，但本質柔弱，與「六二」敵應，沒有陽爻協助而無法和合降雨，膏澤民眾，所以說「密雲不雨」。「六五」和「六二」兩個陰爻居中在一起，明顯不足

以成大事。所幸「六五」之君能夠虛賢納士，拿著繩箭，鑽進穴中，將「六二」捉來，輔佐自己；雖然不能福澤天下，但總還可以小有作為。這正體現本卦「可小事，不可大事」的哲理。

【智慧點津】此爻揭示過柔不能夠成就大事，懷柔之君應求賢自輔。

【案例解讀】<u>劉備「三顧茅廬」求賢</u>。東漢末年，各種軍閥混戰，社會動盪不安。早年間，劉備一直流離失所，寄人籬下。但他胸懷大志，為了興復漢室，安邦定國，不惜四處尋找賢士，「公弋取彼在穴」。後來，他聽說隱居在隆中的諸葛亮是個奇才，便不顧嚴寒，帶上聘禮三次拜訪。諸葛亮被其真誠所感動，答應出山。所幸，諸葛亮不負重託，對劉備竭誠輔佐，「鞠躬盡瘁，死而後已」，最終幫助劉備建立了蜀漢政權。

62.9

上六：弗遇過之，飛鳥離之〔1〕，凶，是謂災眚（shěng）〔2〕。
《象》曰：「弗遇過之」，已亢也〔3〕。

【注釋】

〔1〕離：通「罹」，遇難。

〔2〕眚：災禍。

〔3〕亢：過分。

【譯文】

上六：不能遇合陽剛卻超越陽剛很遠，好似無安棲之所的飛鳥遭到射殺，有兇險，這就是天災人禍。

《小象傳》說：「不能遇合陽剛卻超越陽剛很遠」，說明「上六」過分已達到極點。

【解說】

若「上六」發生爻變，則上卦變為離卦，離為雉雞，為羅網；其下又臨上爻互兌卦，兌為毀折，故有「飛鳥離之」和「災眚」之象。「上六」以陰爻居陰位，處小過之終，又居震極，以致一味高飛雲霄，難以與「九三」遇合，終

於觸及羅網；就像鳥飛到天上，沒有安身的地方，遭到射殺之患。

【智慧點津】此爻揭示極端過度，必然招致災禍。

【案例解讀】<u>大學生熬夜猝死</u>。據《勞動報》2016 年 8 月 31 日報導：近年來，青年人因熬夜猝死的案例頻頻被媒體報導。今年 8 月，中國傳媒大學 25 歲博士凌晨疑因過勞猝死教學樓；去年 12 月，武昌職業學院大一學生小勇在 1000 米測試時在終點附近猝死；2012 年 11 月，成都大學張同學在校園活動時猝死，生前他曾網上留言 10 天 4 個半通宵順利完成作業……據記者瞭解，大學生熬夜主要有兩大原因，趕課題報告、論文或者打遊戲。無數血淋淋的案例不斷警示熬夜的危害，「飛鳥離之，凶，是謂災眚」，實乃前車之鑒。

63. 既濟卦第六十三──教學圓滿

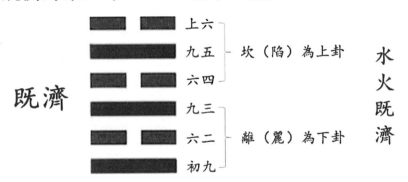

導讀：守得雲開見月明，靜待花開終有時。作為教育工作者，只有不忘教育初心，常懷憂患之思，才能圓滿完成育人使命。

卦體下離上坎。坎為水，離為火，水在火上，水勢壓倒火勢，象徵著救火大功告成。卦形六爻都當位得正且有應，又象徵著圓滿。《既濟》，既，本義指吃完飯，引申為完成、已經；濟，本義是過河，渡過；卦義為已經過河，象徵做事獲得成功。本卦闡述成功之後，應居安思危，謹慎守成。

63.1

　　既濟：亨小，利貞。初吉，終亂〔1〕。

【注釋】

〔1〕亂：混亂，變故。

【譯文】

《既濟》卦象徵成功：小的細節都能亨通，有利於堅守正道。開始時是吉祥的，但如有不慎，最終必導致混亂。

【解說】

「既濟」是事情大功告成，此時大道能濟，大德能濟，大事能濟，小事更能濟。所以，連陰柔弱小者等小的細節、小的事情，都能得以亨通。同時，人在功成名就、志得意滿後，更容易驕奢淫逸，滋生禍亂。因而，君子必須堅守正道，謹慎守成，慎終如始，奮發圖強，才能實現新的跨越。

63.2

《彖》曰：既濟，「亨」，小者亨也。「利貞」，剛柔正而位當[1]也。「初吉」，柔得中[2]也。「終」止則「亂」，其道窮也。

【注釋】

〔1〕剛柔正而位當：指「初九」「九三」「九五」以陽爻居於陽位，「六二」「六四」「上六」以陰爻居於陰位。

〔2〕柔得中：指「六二」以陰爻居於下卦之中位。

【譯文】

《彖傳》說：事情完成，亨通，此時小的細節都能亨通。「有利於堅守正道」，因為卦中三個陽爻和三個陰爻都居位得當。「開始時就吉祥」，是因為「六二」在下卦居中得位。「最終懈怠就會陷入混亂」，是說既濟之道已經困窮。

63.3

《象》曰：水在火上，既濟。君子以思患而豫防之[1]。

【注釋】

〔1〕患：禍患。豫：預備。

【譯文】

《大象傳》說：水在火上，水澆火熄，象徵著事情已經成功。君子效法此象，要慮及憂患，早作預防。

【解說】

　　水在火上，可表示撲滅火災，有既濟之象。同時，水火共生，水火無情，不是水澆滅火，就是火蒸乾水，教育工作者從中得到啟示，應隨時增強職業緊迫感，終身學習，從而更好地勝任本職工作。

63.4

　　初九：曳其輪〔1〕，濡其尾〔2〕，无咎。

　　《象》曰：「曳其輪」，義无咎也。

【注釋】

　〔1〕曳：拖拉。輪：指車輪。

　〔2〕濡：沾濕。

【譯文】

　　初九：渡河時往後拖拉車輪，不使它快進，小狐狸過河時沾濕了尾巴，無法快遊，沒有災禍。

　　《小象傳》說：「渡河時往後拖拉車輪，不使它快進」，這一做法理應沒有災禍。

【解說】

　　易例一般以初爻為足、為尾，上爻為頭、為首，故既濟和未濟初爻皆言「濡其尾」，上爻皆言「濡其首」。下交互卦為坎，坎為水，為車輪，為隱伏，狐狸神出鬼沒，故有「曳其輪，濡其尾」之象。「初九」處本卦之初，在最下方，相當於車輪、狐尾。它以陽爻居陽位，上又有「六四」相應，因而剛躁猛進，難免涉險犯難。現在，在後面拉住車輪，使其緩行，沾濕狐尾，讓其慢游；都說明「初九」能謹慎守成，當然就不會有危害。

【智慧點津】此爻揭示當成功之後，更應當慎重而勿輕舉妄動。

【案例解讀】<u>安徽一民辦教育企業因盲目擴張倒閉</u>。據《經濟參考報》2015年5月19日報導：安徽文達集團成立於1993年，曾是安徽民辦教育的「樣板」，在安徽乃至全國可謂家喻戶曉。然而，企業決策者因盲目擴張追求辦學

GDP，近期卻因負債近 20 億元，致使旗下數校倒閉或瀕臨停辦。

63.5

六二：婦喪其茀（fú）﹝1﹞，勿逐，七日得﹝2﹞。

《象》曰：「七日得」，以中道也。

【注釋】

﹝1﹞茀：車簾。

﹝2﹞七曰：一卦由六爻構成，一爻代表一日，每一爻經過七日週期，又重新回歸到本爻。

【譯文】

六二：婦人丟失了車簾，不用去尋找，七天就可以失而復得。

《小象傳》說：「七天就可以失而復得」，說明「六二」能堅守中正之道。

【解說】

下卦為離，離為中女，中空似車簾；上卦為坎，坎為強盜，故有「婦喪其茀」之象。卦有六個爻位，重新回到原位，恰是第七個次序，所以失而復得都是經過七日。「六二」以陰爻居陰位，柔順中正，是下卦「離」明的主爻；又與上卦「九五」陽剛中正之君相應，君臣相處融洽，能夠天下太平。此時，就算丟失東西也會失而復得，因為「六二」能持守中正之道，以守成固正為重。

【智慧點津】此爻揭示成功之後，堅守中正無失。

【案例解讀】<u>五蓮縣撤銷對楊守梅老師處分</u>。2019 年 4 月 29 日下午第二節課，日照市五蓮縣第二中學 2016 級 3 班學生李某某、王某某逃課到操場玩耍，班主任楊老師把他們叫回後用課本抽打了幾下。之後，兩位學生家長以楊老師體罰學生為由，將楊老師告到教育局，楊老師受到學校第一次處罰：停職一個月、賠禮道歉、深刻檢討、取消評優資格、賠償醫藥費等。兩個月後，7 月 2 日，五蓮縣教體局在學校已經處分的基礎上對班主任楊老師做出

了嚴苛的追加處分：扣發當事教師一年獎勵性績效工資，責成五蓮二中新學年不再與楊守梅簽訂聘用合同，將該教師納入五蓮縣信用信息評價系統「黑名單」。此事一出，引發軒然大波，媒體紛紛報導，為楊老師叫屈。所幸五蓮縣政府及時糾正了五蓮縣教體局和學校對楊守梅老師的錯誤處罰，並根據她個人意願，將其調往五蓮一中工作。楊老師的遭遇堪稱「婦喪其茀，勿逐，七日得」。

63.6

九三：高宗伐鬼方〔1〕，三年克之〔2〕，小人勿用。
《象》曰：「三年克之」，憊也。

【注釋】

〔1〕高宗：殷代中興的英明帝王，名武丁。鬼方：殷代邊疆的少數民族。

〔2〕克：戰勝。

【譯文】

九三：殷高宗討伐鬼方國，經過多年苦戰才獲得勝利；不可任用急躁冒進的小人。

《小象傳》說：「經過多年苦戰才獲得勝利」，說明戰爭讓人疲憊不堪。

【解說】

「九三」和「上六」相應，「上六」居於坎中，坎為北方，為鬼方；上交互卦為離，離為戈兵，故有「高宗伐鬼方」之象。又從「九三」到「上六」經歷三個爻位，所以又有「三年克之」之象。從前，殷高宗討伐鬼方，經過三年的苦戰，才得以戰勝，但對有戰功的小人，只給以重賞，不予重用。因為小人會見利忘義，興風作浪，禍國殃民。「九三」以陽爻居陽位，容易剛躁激進，可能受「上六」小人影響，而窮兵黷武，勞民傷財，最終貪功有失。

【智慧點津】此爻揭示成功來之不易，同時小人絕對不可重用。

【案例解讀】周公平「三監之亂」。「三監之亂」是西周初期分封於商王畿地區周圍的三位諸侯叛亂的事件。武王滅商後，分封紂王之子武庚於殷，同時

派遣自己的兄弟管叔、蔡叔、霍叔在殷都附近建立邶、鄘、衛三國以監視他，史稱「三監」。後來武王病逝，周公旦攝政，引起管叔、蔡叔及其群弟的疑忌，武庚見機拉攏他們發動叛亂。周公經過艱苦的鬥爭，終於誅殺武庚、管叔，放逐蔡叔，廢掉霍叔，平定了「三監之亂」，有力地維護了西周的統治。

63.7

六四：繻有衣袽（rú）[1]，終日戒。

《象》曰：「終日戒」，有所疑也。

【注釋】

〔1〕繻：彩色的絲帛，這裡指華美的服裝。袽：破衣敗絮。

【譯文】

六四：華美的衣服將變成破爛的衣服，要整天警戒災禍。

《小象傳》說：「整天警戒災禍」，說明此時心中有所疑懼。

【解說】

下卦和上交互卦都為離卦，離為日，上下兩個離卦就代表全天；上卦為坎，坎為加憂，「六四」處於其間，故有「終日戒」之象。「六四」以陰爻居陰位，柔順中正，身在君王身邊，具有憂患意識，能夠保持既濟的成果而不終亂。

【智慧點津】此爻揭示成功之後，更應當時刻戒懼防患。

【案例解讀】<u>百度勇攀高峰</u>。百度公司 2000 年 1 月 1 日創立於中關村，是全球最大的中文搜索引擎、最大的中文網站。從創立之初，即以「用科技讓複雜的世界更簡單」為使命，致力於「成為最懂用戶，並能幫助人們成長的全球頂級高科技公司」。李彥宏是百度創始人、董事長兼首席執行官。他始終告誡員工：「百度離破產永遠只有 30 天！」正是由於他能長期居安思危，創新求變，才使百度成為全球第二大獨立搜索引擎，以及全球資本市場最受關注的上市公司之一。

63.8

九五：東鄰殺牛，不如西鄰之禴（yuè）祭[1]，實受其福。

《象》曰：「東鄰殺牛，不如西鄰」之時也。「實受其福」，吉大來也。

【注釋】

〔1〕禴：夏祭，古代一種祭品微薄的祭禮。

【譯文】

九五：東邊的鄰國殺牛厚祭，不如西邊的鄰國誠敬薄祭，更能實在地得到神靈施降的福澤。

《小象傳》說：「東邊的鄰國殺牛厚祭，還不如西邊的鄰國誠敬薄祭」合於時宜。「更能實在地承受神靈施降的福澤」，說明吉祥將不斷降臨。

【解說】

上互卦為離，離為牝牛，為夏季；又上卦坎水能滅下卦離火，故有「殺牛」和「禴祭」之象。東是陽的方位，「九五」在東方，西是陰的方位，「六二」在西方。「九五」以陽爻居陽位，中正處尊，下又與「六二」光明賢臣相應有輔，象徵事業既成，天下太平。然而，太平盛世，容易養成驕奢淫逸的習慣，因而爻辭以東、西鄰的祭祀之象給予勸勉，喻其心懷誠信，奉行勤儉之道，才能永保既濟而不至終亂。

【智慧點津】此爻揭示成功之時，唯有誠敬簡樸，才能保全既有的成果。

【案例解讀】<u>明太祖儉樸勤政</u>。明太祖朱元璋是明朝開國皇帝，他從小遍嘗人間艱辛冷暖，深知衣食來之不易。做了皇帝以後，身體力行，倡導儉樸。如他規定皇帝的車輿服用物品該用黃金雕飾的，一律用銅代替。某次，有位商人送給他薔薇露，說可治心疾，也可以調粉做婦女的化妝品。他說：「這玩意兒只是裝飾品，把人打扮得好看些，養成奢侈的壞習慣，沒有好處。」除此之外，他每天殫精竭慮，親自處理大大小小的政務，常常「戴星而朝，夜分方寢」。正如其遺囑所言「朕膺天命三十一年，憂危積心，日勤不怠，務有益於

民」。經過二十多年的努力，明朝社會經濟得到恢復和發展，人民逐步安居樂業，奠定了明朝兩百多年的統治基礎。

63.9

上六：濡其首，厲〔1〕。

《象》曰：「濡其首，厲」，何可久也？

【注釋】

〔1〕厲：危險。

【譯文】

上六：小狐狸渡河時弄濕了頭，有危險。

《小象傳》說：「小狐狸渡河時弄濕了頭，有危險」，這種成功怎麼能長久不敗呢？

【解說】

上爻為首，「上六」以陰爻居於坎水之上，故有「濡其首」之象。「上六」又柔弱無力，處於既濟之極，志驕意滿，冒險渡河，就像狐狸涉水，遭遇滅頂之災。既濟「終亂」，君子只有居安思危，才能長久守成。

【智慧點津】此爻揭示成功不可得意忘形，否則，兇險異常。

【案例解讀】<u>莫莉・赫德大喜過望痛失銅牌</u>。莫莉・赫德（Molly Huddle）是當今美國數一數二的長跑女傑。她在 2015 年北京田徑世錦賽女子萬米決賽中，在離終點線還有 1 米的距離時，並沒有看到同為美國選手的 Emily lnfeld 在跑道內側緊追不捨，以為銅牌志在必得，於是便將雙手舉過頭頂慶祝。這一動作減緩了她跑步的速度，結果 Emily lnfeld 在最後一刻持續發力，身體傾，猛衝，以微弱的優勢先她一步跑過終點線。賽後，Molly Huddle 接受採訪時，對此沮喪不已。

64. 未濟卦第六十四——教無止境

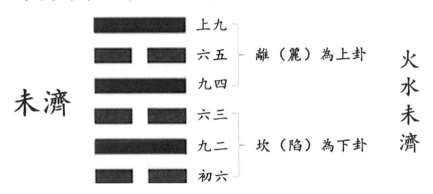

　　導讀：教育只有起點，沒有終點。作為教育工作者，只有終身學習，不斷求索，才能在教育征途中勇攀高峰。

　　卦體下坎上離。離為火，坎為水，火在水上，火勢壓倒水勢，救火大功未成，故稱未濟。《未濟》，「濟」，本義是過河，渡過；卦義為未能過渡，引申指事未成功。卦形陰陽六爻全部都失位離正，意味著未完成。《周易》以乾坤二卦為始，以既濟、未濟二卦為終，充分反應了事物循環發展的思想。本卦闡述奮鬥不止之道。

64.1

　　未濟：亨。小狐汔〔1〕濟，濡〔2〕其尾，無攸〔3〕利。

【注釋】

　　〔1〕汔：將要。

　　〔2〕濡：沾濕。

　　〔3〕攸：所。

【譯文】

　　《未濟》卦象徵事未完成：經過努力可以得到亨通。小狐狸即將渡過河，卻浸濕了尾巴，沒有什麼好處。

【解說】

　　《序卦傳》說：「物不可窮也，故受之以未濟終焉。」它是說，萬物是不可能窮盡的，所以在既濟卦之後接著的是未濟卦。「既濟」是「未濟」的終結；「未濟」是「既濟」的開始，兩者交相為用，周而復始，循環演進，無盡無

窮。六十四卦以「未濟」而不是「既濟」作為結束，確是體現易理的高深和精妙絕倫。「靡不有初，鮮克有終。」「未濟」是事情沒有成功，此時應慎終如始。

64.2

《彖》曰：未濟，「亨」，柔得中〔1〕也。「小狐汔濟」，未出中〔2〕也。「濡其尾，无攸利」，不續終也。雖不當位，剛柔應〔3〕也。

【注釋】

〔1〕柔得中：指「六五」以陰爻居於上卦之中位。

〔2〕未出中：指「九二」在下卦坎險之中。

〔3〕雖不當位，剛柔應：指「初六」「六三」「六五」三個爻都是以陰爻居於陽位，「九二」「九四」「上九」三個爻都是以陽爻居於陰位；但「初六」和「九四」、「九二」和「六五」、「六三」和「上九」都陰陽相應。

【譯文】

《彖傳》說：事未完成，努力可致「亨通」，因為「六五」以柔爻居於上卦中位，具有柔中之德。「小狐狸馬上要渡過河」，還未游出水中。「打濕了它的尾巴，沒有什麼好處」，是說它不能堅持游到終點。雖然卦中六爻都居位不當，但是陽剛和陰柔卻可互助（能促事成）。

64.3

《象》曰：火在水上，未濟。君子以慎辨物居方〔1〕。

【注釋】

〔1〕辨物：分辨各種事物。居方：安居的地方。

【譯文】

《大象傳》說：火在水上背道而馳，象徵著事情未完成。君子效法此象，慎重地分辨物類，使它們各安處於適當的場所。

【解說】

火炎上，水潤下，兩者各行其道，有未濟之象。教育工作者從中得到啟示，應當謹慎地辨別每個學生的興趣、資質、特長等，讓他們明確定位，找準自己人生的目標和方向。

64.4

初六：濡其尾〔1〕，吝〔2〕。

《象》曰：「濡其尾」，亦不知極也〔3〕。

【注釋】

〔1〕濡：沾濕。

〔2〕吝：麻煩。

〔3〕極：極限。

【譯文】

初六：小狐狸過河時被水沾濕了尾巴，會有麻煩。

《小象傳》說：「小狐狸過河時被水沾濕了尾巴」，說明它太自不量力。

【解說】

下卦為坎，坎為水，下位為尾，故有「濡其尾」之象。「初六」在最下方，相當於狐狸的尾。它以陰爻居陽位失位不正，陰柔無力，處坎險之下，又正當「未濟」之時，急欲與「九四」相應而逞強渡河，以致打濕尾巴，沒有辦法抵達對岸，終有遺憾。

【智慧點津】此爻揭示在奔向成功之時，不可逞強，輕率冒進。

【案例解讀】<u>男孩體育課跑步摔骨折</u>。據網易訂閱頻道「跑步之聲」2019年2月3日報導：廣州某學校一名小學生在體育課跑步的時候摔骨折，醫藥費花了好幾萬，孩子腳腫得很厲害，一直哇啦哇啦地哭……據瞭解，孩子上體育課的時候沒有做熱身運動，也就是相關手關節和肘關節的運動熱身，然後聽到哨聲一響，就和鄰伴同學就開始跑出去，在跑步的過程中摔了下去……最後，醫院診斷結果為膝蓋粉碎性骨折。由此可見，我們應該深刻意識到運動前熱身的必要性，以減少一些不必要的運動風險。

64.5

九二：曳其輪〔1〕，貞吉。

《象》曰：「九二貞吉」，中以行正也。

【注釋】

〔1〕曳：拉。輪：車輪。

【譯文】

九二：向後拖拉車輪不使急行，堅守正道可獲吉祥。

《小象傳》說：「九二堅守正道吉祥」，是因為他能堅守中正之道。

【解說】

下卦為坎，坎為弓輪；若「九二」發生爻變，則下交互卦變為艮卦，艮為手，故有「曳其輪」之象。「九二」以陽爻居陰位失正，又深陷坎體，容易逞匹夫之勇，強行渡河；但其畢竟陽剛得中，雖與君位的「六五」相應，但不盲目涉險，而是審時度勢，「曳其輪」而行；如此謹慎行事，持守中道，自然會得到吉祥。

【智慧點津】此爻揭示在奔向成功之時，應謹慎守中，量力戒躁。

【案例解讀】阿蒙森和斯科特南極探險的故事。1911 年，有兩個探險隊準備征服南極。一個是英國的斯科特團隊，一個是挪威的阿蒙森團隊。結果是阿蒙森團隊搶先一個月到達，並順利返回，而斯科特團隊卻慘遭滅頂之災。究其原因，阿蒙森團隊有充足的物資準備，合適的交通工具，更重要的是他們堅持每天只航行大概 20 英里；而斯科特團隊則後勤保障嚴重不足，且每天任性前進。阿蒙森團隊每天航行 20 英里，既可以保持隊員充沛的體力，又可以鼓舞團隊士氣，還能夠增強團隊的紀律觀念。他們最終「不疾而速，不行而至」，正是發揮了「曳其輪，貞吉」的作用。

64.6

六三：未濟，征凶，利涉大川〔1〕。

《象》曰：「未濟，征凶」，位不當也。

【注釋】

〔1〕涉：徒步渡河。

【譯文】

六三：事情未完成，貿然前進有兇險，有利於渡過一切艱難險阻。

《小象傳》說：「事情未完成，貿然前進有兇險」，說明「六三」居位不當。

【解說】

下卦為坎，坎為水；若「六三」發生爻變，則下卦變為巽卦，下爻互卦變為乾卦；巽為風，為木，木可以製作舟船；乾卦剛健有力，故有「利涉大川」之象。「六三」在下「坎」險的最上方，是即將脫離危險的形象。然而，它以柔爻居於陽位，不中不正，輕易行動則會又陷入上互坎（三、四、五爻）險中，故說「征凶」。可是，當此即將脫離危險的重要時刻，只有慎重謀劃，借助「九二」和「九四」兩剛之力，斷然冒險，才能夠成功渡河。前者「征凶」是誡語，後者「利涉大川」是激勵語。

【智慧點津】此爻揭示身處險境，妄動有凶。

【案例解讀】印軍坦克從水路突襲巴軍大獲全勝。據搜狐網 2019 年 1 月 6 日載：在第一次印巴戰爭中，巴基斯坦武裝利用攻佔的班瓦里大橋等咽喉要地對拉喬里進行了嚴密封鎖。印軍要解拉喬里之圍，必須先奪取班瓦里大橋。在巴基斯坦武裝設防嚴密的情況下，印軍想從正面進攻談何容易。印軍認真研究了敵情後，遂決定以奇襲行動巧奪之。1948 年 4 月 8 日夜，印軍借助夜幕的掩護，率領十幾輛坦克開進河中，每輛坦克之後都跟著一群「黑壓壓」的步兵。在前進中印軍保持了最大程度的靜默，坦克在水中的行駛速度平均只有 2 千米小時，步兵涉水也儘量避免弄出響聲，就這樣，印軍神不知鬼不覺地到達巴基斯坦武裝的橋頭陣地前，十幾輛坦克突然從河水裏冒了出來，猛撲敵陣地，以直瞄火力對巴基斯坦武裝的火力進行了「點名」，打得巴軍措手不及，傷亡慘重。印軍「不走旱路走水路」，大獲全勝，實乃「未濟，征凶，利涉大川」的生動案例。

64.7

九四：貞吉，悔亡。震用伐鬼方〔1〕，三年有賞於大國〔2〕。

《象》曰：「貞吉，悔亡」，志行也。

【注釋】

〔1〕震：動，雷霆萬鈞之勢。鬼方：殷代邊疆的少數民族。

〔2〕大國：殷王朝。

【譯文】

九四：堅守正道吉祥，悔恨消失。以雷霆萬鈞之勢征討鬼方國，經過多年苦戰獲勝，得到殷王朝的賞賜。

《小象傳》說：「堅守正道吉祥，悔恨消失」，說明實現了建功立業的志向。

【解說】

若「九四」發生爻變，則下交互卦變為震卦，震為威武；上卦為離，離為戈兵；上交互卦為坎，坎為北方，為隱伏，為鬼神，故有「震用伐鬼方」之象。「九四」以陽爻居陰位不正，本當有悔；它處上互坎險之中，必須堅守正道，借「初六」相應之力，才能夠最終脫險建功，使後悔消失。

【智慧點津】此爻揭示奔向成功，必須堅持挑戰各種困難。

【案例解讀】屠呦呦榮獲諸多殊榮。屠呦呦 60 多年來致力於中醫藥研究實踐，帶領團隊數十年夜以繼日，攻堅克難，終於發現了青蒿素，為中醫藥科技創新和人類健康事業作出了巨大貢獻。她先後榮獲「諾貝爾生理學或醫學獎」「國家最高科學技術獎」「共和國勳章」等榮譽稱號，堪稱「三年有賞於大國」。

64.8

六五：貞吉，無悔。君子之光〔1〕，有孚，吉。

《象》曰：「君子之光」，其暉吉也〔2〕。

【注釋】

〔1〕光：光輝。

〔2〕暉：通「輝」，光輝。

【譯文】

六五：堅守正道吉祥，沒有悔恨。君子的光輝，在於其心存誠信，吉祥。

《小象傳》說：「君子的光輝」，因為其照亮他人而帶來吉祥。

【解說】

上卦為離，離為火，為光明；「六五」居於君位，故言「君子之光」。「六五」以陰爻居陽位，處尊雖然居位不正，但它得中，能夠中庸行事。又處「離」明之中，擁有文明之德，心懷誠信，待人謙恭有禮，既有「九四」強臣輔佐，又有陽剛得中的「九二」相應，君臣攜手共克難關，必然化「未濟」為「既濟」，開創光明盛世。

【智慧點津】此爻揭示在即將奔向成功之時，更應當誠信光明，謙虛團結。

【案例解讀】鄧稼先隱姓埋名28年為國家「放炮仗」。據團結網2021年8月3日載：鄧稼先是中國科學院院士，我國核武器研製與發展的主要組織者、領導者，被稱為「兩彈元勳」。24歲時，鄧稼先為祖國遠渡重洋求學；26歲學成之後毅然歸國；34歲時，他為事業隱姓埋名，苦苦探索；40歲時（1964年），他成功為國家「放了炮仗」……揚我中華國威，讓世界為之震驚。其間，他率領團隊日夜攻關，廢寢忘食，雖忍受「妻離子別」、生命危險亦毫不在乎。他用一生詮釋了「鞠躬盡瘁」，用實際行動書寫了「中國脊樑」。「紅雲衝天照九霄，千鈞核力動地搖。二十年來勇攀後，二代輕舟已過橋。」這正是他一生光輝的寫照，實乃「君子之光，其暉吉也」。

64.9

上九：有孚於飲酒〔1〕，无咎。濡其首，有孚失是〔2〕。

《象》曰：「飲酒濡首」，亦不知節也。

【注釋】

〔1〕孚：誠信。

〔2〕是：正確。

【譯文】

上九：滿懷信心飲酒作樂，沒有什麼災禍。縱情濫飲，被酒淋濕了頭，即使心懷誠信，也失去了君子的正道。

《小象傳》說：「縱情濫飲，被酒淋濕了頭」，這人也太不知節制了。

【解說】

上卦為離，離為火，為光明，象徵內心有誠信，故說「有孚」。下卦為坎，上爻互卦為坎，坎為水，上位為首，「上九」下臨重坎，故說「飲酒」「濡其首」。「上九」陽剛賢明，位於「未濟」之極，已經在重坎之上，克服了重重艱難險阻，不久，既濟時期即將到來。此時，大功告成可以飲酒自樂，可是如果失去節制，樂極必然生悲。

【智慧點津】此爻揭示在成功的最後，應充滿信心，警惕樂極生悲。

【案例解讀】高考後的悲劇。據學校網 2015 年 12 月 3 日《高考過後，總有悲劇發生》一文載：每年高考結束後，總有不少考生以旅遊、聚會、喝酒、泡吧等各種方式慶祝、放鬆、宣洩，上演「後高考時代」的狂歡盛宴——有的沒日沒夜地聚會，有的黑白顛倒地打遊戲，有的連續上網、瘋吃瘋玩，有的冒險游泳……樂極生悲的案例屢見不鮮。

第三部分：參考文獻

1. 王弼，樓宇烈校釋，王弼集校釋〔M〕，北京：中華書局，1980。

2. 朱熹，廖名春點校，周易本義〔M〕，北京：中華書局，2009。

3. 程頤，王孝魚點校，周易程氏傳〔M〕，北京：中華書局，2016。

4. 陳夢雷，周易工作室點校，周易淺述〔M〕，北京：九州出版社，2004。

5. 李光地等，御纂周易折衷〔M〕，北京：中央編譯出版社，2011。

6. 黃壽祺，張善文，周易譯注〔M〕，上海：上海古籍出版社，1989。

7. 南懷瑾，周易雜說〔M〕，上海：復旦大學出版社，2006。

8. 金景芳，呂紹綱，周易全解〔M〕，上海：上海古籍出版社，2005。

9. 唐明邦，周易評注〔M〕，北京：中華書局，1995。

10. 朱高正，周易白話例解〔M〕，上海：華東師範大學出版社，2017。

11. 任犀然，彩圖全解周易〔M〕，北京：中國華僑出版社，2013。

12. 祖行，圖解周易〔M〕，陝西：陝西師範大學出版社，2006。

13. 徐廣軍，六十四卦通天下〔M〕，北京：中國經濟出版社，2009。

14. 東籬子，周易全鑒〔M〕，北京：中國紡織出版社，2014。

15. 伏羲，姬昌，何喜明整理，周易〔M〕，遼寧：北方聯合出版傳媒（集團）股份有限公司，2010。

16. 孫映逵，楊亦鳴，「六十四卦」中的人生哲理與謀略——周易對話錄〔M〕，北京：社會科學文獻出版社，2010。

17. 劉大均，林忠軍，周易古經白話解〔M〕，山東：山東友誼書社，1989。

18. 東籬子，周易心得〔M〕，北京：中國華僑出版社，2007。

19. 張其成，周易感悟〔M〕，廣西：廣西科學技術出版社，2007。

20. 寇方墀，全本周易導讀本〔M〕，北京：中華書局，2018。

21. 李守力，周易詮釋〔M〕，蘭州：蘭州大學出版社，2016。

22. 王明光，http://blog.sina.com.cn/shivatandavaya。

23. 唐赤蓉，周易 64 卦 384 爻故事〔M〕，四川：四川人民出版社，2011。

24. 李申等，周易經傳譯注〔M〕，北京：中華書局，2018。

25. 徐子宏，周易全譯〔M〕，貴州：貴州人民出版社，2008。

26. 雒啟坤，周易人生決策指南〔M〕，北京：中國社會科學出版社，1993。

27. 楊建峰，周易〔M〕，汕頭：汕頭大學出版社，2018。

28. 胡玉成，周易詮解〔M〕，北京：團結出版社，2019。

29. 董易奇，中國神秘文化：姓名學〔M〕，長沙：湖南美術出版社，2011。

30. 許慎，說文解字〔M〕，北京：中國書店，1989。

31. 象形字典。

32. 百度，http://www.baidu.com。

33. 國易堂，http://wap.guoyi360.com。

34. 人民網，http://www.people.com.cn/。

35. 青石主編，易經的智慧〔M〕，北京：中國華僑出版社，2015。

第四部分：附錄

附錄一：《文言傳》

《文言傳》又名《文言》，是《周易大傳》七種之一，也是周易《十翼》中的一部。它是專門解釋乾、坤兩卦的一部文筆優美的哲學散文。

（1）

「元」者，善之長也。「亨」者，嘉之會也。「利」者，義之和也。「貞」者，事之幹也。君子體仁足以長人，嘉會足以合禮，利物足以和義，貞固足以幹事。君子行此四德者，故曰：「乾：元、亨、利、貞」。

初九曰：「潛龍勿用。」何謂也？子曰：「龍德而隱者也。不易乎世，不成乎名。遯世無悶，不見是而無悶。樂則行之，憂則違之，確乎其不可拔，潛龍也。」

九二曰：「見龍在田，利見大人。」何謂也？子曰：「龍德而正中者也。庸言之信，庸行之謹。閑邪存其誠，善世而不伐，德博而化。《易》曰：『見龍在田，利見大人。』君德也。」

九三曰：「君子終日乾乾，夕惕若，厲无咎。」何謂也？子曰：「君子進德修業。忠信，所以進德也。修辭立其誠，所以居業也。知至至之，可與幾也。知終終之，可與存義也。是故居上位而不驕，在下位而不憂，故乾乾因其時而惕，雖危无咎矣。」

九四曰：「或躍在淵，无咎。」何謂也？子曰：「上下無常，非為邪也。進退無恒，非離群也。君子進德修業，欲及時也，故无咎。」

九五曰：「飛龍在天，利見大人。」何謂也？子曰：「同聲相應，同氣相求。水流濕，火就燥。雲從龍，風從虎。聖人作而萬物睹。本乎天者親上，本乎地者親下，則各從其類也。」

上九曰：「亢龍有悔。」何謂也？子曰：「貴而無位，高而無民，賢人在下位而無輔，是以動而有悔也。」

「潛龍勿用」，下也。「見龍在田」，時捨也。「終日乾乾」，行事也。「或躍在淵」，自試也。「飛龍在天」，上治也。「亢龍有悔」，窮之災也。乾元「用九」，天下治也。

「潛龍勿用」，陽氣潛藏。「見龍在田」，天下文明。「終日乾乾」，與時偕行。「或躍在淵」，乾道乃革。「飛龍在天」，乃位乎天德。「亢龍有悔」，與時偕極。乾元「用九」，乃見天則。

乾「元」者，始而亨者也。「利貞」者，性情也。乾始能以美利利天下，不言所利，大矣哉。大哉乾乎！剛健中正，純粹精也。六爻發揮，旁通情也。時乘六龍，以御天也。雲行雨施，天下平也。

君子以成德為行，日可見之行也。「潛」之為言也，隱而未見，行而未成，是以君子弗用也。君子學以聚之，問以辯之，寬以居之，仁以行之。《易》曰：「見龍在田，利見大人。」君德也。九三，重剛而不中，上不在天，下不在田，故乾乾因其時而惕，雖危「无咎」矣。九四，重剛而不中，上不在天，下不在田，中不在人，故「或」之。「或」之者，疑之也。故「无咎」。夫「大人」者，與天地合其德，與日月合其明，與四時合其序，與鬼神合其吉凶。先天而天弗違，後天而奉天時。天且弗違，而況於人乎？況於鬼神乎？「亢」之為言也，知進而不知退，知存而不知亡，知得而不知喪，其唯聖人乎！知進退存亡，而不失其正者，其唯聖人乎！

（2）

坤至柔而動也剛，至靜而德方。「後得主」而有常，含萬物而化光。坤道其順乎？承天而時行。

積善之家，必有餘慶；積不善之家，必有餘殃。臣弒其君，子弒其父，非一朝一夕之故，其所由來者漸矣。由辯之不早辯也。《易》曰：「履霜，堅冰至。」蓋言順也。

「直」其正也，「方」其義也。君子敬以直內，義以方外，敬義立而德不孤。「直方大，不習无不利」，則不疑其所行也。

陰雖有美，「含」之以從王事，弗敢成也。地道也，妻道也，臣道也。地道「無成」，而代「有終」也。

天地變化，草木蕃。天地閉，賢人隱。《易》曰：「括囊，无咎無譽。」蓋言謹也。君子黃中通理，正位居體，美在其中，而暢於四支，發於事業，美之至也。

陰疑於陽必「戰」，為其嫌於無陽也。故稱「龍」焉。猶未離其類也，故稱「血」焉。夫「玄黃」者，天地之雜也，天玄而地黃。

附錄二：《繫辭傳》

《繫辭傳》分為《繫辭上傳》和《繫辭下傳》兩篇。對上下篇的分章，舊說各有不同，宋代朱熹的《周易本義》將上下篇各分為十二章，這種分法較為通行，今取此例。

繫辭上

第一章

天尊地卑，乾坤定矣。卑高以陳，貴賤位矣。動靜有常，剛柔斷矣。方以類聚，物以群分，吉凶生矣。在天成象，在地成形，變化見矣。是故剛柔相摩，八卦相蕩。鼓之以雷霆，潤之以風雨。日月運行，一寒一暑。乾道成男，坤道成女。

乾知大始，坤作成物。乾以易知，坤以簡能。易則易知，簡則易從。易知則有親，易從則有功。有親則可久，有功則可大。可久則賢人之德，可大則賢人之業。易簡，而天下之理得矣。天下之理得，而成位乎其中矣。

第二章

聖人設卦觀象，繫辭焉而明吉凶，剛柔相推而生變化。是故吉凶者，失得之象也。悔吝者，憂虞之象也。變化者，進退之象也。剛柔者，晝夜之象也。六爻之動，三極之道也。

是故君子所居而安者，《易》之序也。所樂而玩者，爻之辭也。是故君子居則觀其象而玩其辭，動則觀其變而玩其占，是以「自天祐之，吉无不利」。

第三章

象者，言乎象者也。爻者，言乎變者也。吉凶者，言乎其失得也。悔吝者，言乎其小疵也。无咎者，善補過也。

是故列貴賤者存乎位，齊小大者存乎卦，辨吉凶者存乎辭，憂悔吝者存乎介，震无咎者存乎悔。是故卦有小大，辭有險易。辭也者，各指其所之。

第四章

《易》與天地準，故能彌綸天地之道。仰以觀於天文，俯以察於地理，是故知幽明之故。原始反終，故知死生之說。精氣為物，遊魂為變，是故知鬼神之情狀。與天地相似，故不違。知周乎萬物，而道濟天下，故不過。旁行而不流，樂天知命，故不憂。安土敦乎仁，故能愛。範圍天地之化而不過，曲成萬物而不遺，通乎晝夜之道而知，故神無方而《易》無體。

第五章

一陰一陽之謂道。繼之者善也，成之者性也。仁者見之謂之仁，知者見之謂之知，百姓日用而不知，故君子之道鮮矣。

顯諸仁，藏諸用，鼓萬物而不與聖人同憂，盛德大業至矣哉！富有之謂大業，日新之謂盛德。生生之謂易，成象之謂乾，效法之謂坤，極數知來之謂占，通變之謂事，陰陽不測之謂神。

第六章

夫《易》，廣矣大矣！以言乎遠則不禦，以言乎邇則靜而正，以言乎天地之間則備矣。夫乾，其靜也專，其動也直，是以大生焉。夫坤，其靜也翕，其動也闢，是以廣生焉。廣大配天地，變通配四時，陰陽之義配日月，易簡之善配至德。

第七章

子曰：「《易》其至矣乎！夫《易》，聖人所以崇德而廣業也。知崇禮卑，崇效天，卑法地。天地設位，而《易》行乎其中矣。成性存存，道義之門。」

第八章

聖人有以見天下之賾，而擬諸其形容，像其物宜，是故謂之象。聖人有以見天下之動，而觀其會通，以行其典禮，繫辭焉以斷其吉凶，是故謂之爻。言天下之至賾而不可惡也，言天下之至動而不可亂也。擬之而後言，議之而後動，擬議以成其變化。

「鳴鶴在陰，其子和之。我有好爵，吾與爾靡之。」子曰：「君子居其室，出其言善，則千里之外應之，況其邇者乎？居其室，出其言不善，則千里之外違之，況其邇者乎？言出乎身，加乎民；行發乎邇，見乎遠。言行，君子之

樞機。樞機之發，榮辱之主也。言行，君子之所以動天地也，可不慎乎？」

「同人，先號咷而後笑。」子曰：「君子之道，或出或處，或默或語。二人同心，其利斷金。同心之言，其臭如蘭。」

「初六，藉用白茅，无咎。」子曰：「苟錯諸地而可矣，藉之用茅，何咎之有？慎之至也。夫茅之為物薄，而用可重也。慎斯術也以往，其無所失矣。」

「勞謙，君子有終，吉。」子曰：「勞而不伐，有功而不德，厚之至也。語以其功下人者也。德言盛，禮言恭；謙也者，致恭以存其位者也。」

「亢龍有悔。」子曰：「貴而無位，高而無民，賢人在下位而無輔，是以動而有悔也。」

「不出戶庭，无咎。」子曰：「亂之所生也，則言語以為階。君不密則失臣，臣不密則失身，幾事不密則害成。是以君子慎密而不出也。」

子曰：「作《易》者，其知盜乎？《易》曰：『負且乘，致寇至。』負也者，小人之事也。乘也者，君子之器也。小人而乘君子之器，盜思奪之矣。上慢下暴，盜思伐之矣。慢藏誨盜，冶容誨淫。《易》曰：『負且乘，致寇至。』盜之招也。」

第九章

天一，地二。天三，地四。天五，地六。天七，地八。天九，地十。天數五，地數五，五位相得而各有合。天數二十有五，地數三十，凡天地之數五十有五，此所以成變化而行鬼神也。

大衍之數五十，其用四十有九。分而為二以象兩，掛一以象三，揲之以四以象四時，歸奇於扐以象閏；五歲再閏，故再扐而後掛。

乾之策二百一十有六，坤之策百四十有四，凡三百有六十，當期之日。二篇之策，萬有一千五百二十，當萬物之數也。

是故四營而成易，十有八變而成卦，八卦而小成。引而伸之，觸類而長之，天下之能事畢矣。

顯道神德行，是故可與酬酢，可與祐神矣。子曰：「知變化之道者，其知神之所為乎？」

第十章

《易》有聖人之道四焉：以言者尚其辭，以動者尚其變，以製器者尚其象，以卜筮者尚其占。

是以君子將有為也，將有行也，問焉而以言，其受命也如響。無有遠近

幽深，遂知來物。非天下之至精，其孰能與於此！

參伍以變，錯綜其數。通其變，遂成天地之文；極其數，遂定天下之象。非天下之至變，其孰能與於此！

《易》，無思也，無為也，寂然不動，感而遂通天下之故。非天下之至神，其孰能與於此！

夫《易》，聖人之所以極深而研幾也。唯深也，故能通天下之志。唯幾也，故能成天下之務。唯神也，故不疾而速，不行而至。子曰：「《易》有聖人之道四焉」者，此之謂也。

第十一章

子曰：「夫《易》，何為者也？夫《易》，開物成務，冒天下之道，如斯而已者也。」

是故聖人以通天下之志，以定天下之業，以斷天下之疑。是故蓍之德圓而神，卦之德方以知，六爻之義易以貢。聖人以此洗心，退藏於密，吉凶與民同患。神以知來，知以藏往，其孰能與於此哉！古之聰明睿智神武而不殺者夫！是以明於天之道，而察於民之故，是興神物以前民用。聖人以此齋戒，以神明其德夫！

是故闔戶謂之坤，闢戶謂之乾，一闔一闢謂之變，往來不窮謂之通。見乃謂之象，形乃謂之器，制而用之謂之法。利用出入，民咸用之謂之神。

是故《易》有太極，是生兩儀。兩儀生四象，四象生八卦。八卦定吉凶，吉凶生大業。

是故法象莫大乎天地；變通莫大乎四時；縣象著明莫大乎日月；崇高莫大乎富貴；備物致用，立功成器以為天下利，莫大乎聖人。探賾索隱，鉤深致遠，以定天下之吉凶，成天下之亹亹者，莫大乎蓍龜。

是故天生神物，聖人則之。天地變化，聖人傚之。天垂象，見吉凶，聖人象之。河出圖，洛出書，聖人則之。《易》有四象，所以示也。繫辭焉，所以告也；定之以吉凶，所以斷也。

第十二章

《易》曰：「自天祐之，吉无不利。」子曰：「祐者，助也。天之所助者，順也。人之所助者，信也。履信思乎順，又以尚賢也。是以『自天祐之，吉无不利』也。」

子曰：「書不盡言，言不盡意。」然則聖人之意，其不可見乎？子曰：「聖人立象以盡意，設卦以盡情偽，繫辭焉以盡其言。變而通之以盡利，鼓之舞之以盡神。」

乾坤，其《易》之蘊邪？乾坤成列，而《易》立乎其中矣。乾坤毀，則無以見《易》。《易》不可見，則乾坤或幾乎息矣。

是故形而上者謂之道，形而下者謂之器。化而裁之謂之變，推而行之謂之通，舉而錯之天下之民謂之事業。

是故夫象，聖人有以見天下之賾，而擬諸其形容，像其物宜，是故謂之象。聖人有以見天下之動，而觀其會通，以行其典禮，繫辭焉以斷其吉凶，是故謂之爻。極天下之賾者存乎卦；鼓天下之動者存乎辭；化而裁之存乎變；推而行之存乎通；神而明之存乎其人；默而成之，不言而信，存乎德行。

繫辭下
第一章

八卦成列，象在其中矣；因而重之，爻在其中矣；剛柔相推，變在其中矣；繫辭焉而命之，動在其中矣。

吉凶悔吝者，生乎動者也；剛柔者，立本者也；變通者，趣時者也。吉凶者，貞勝者也；天地之道，貞觀者也；日月之道，貞明者也；天下之動，貞夫一者也。

夫乾，確然示人易矣；夫坤，隤然示人簡矣。爻也者，效此者也。象也者，像此者也；爻象動乎內，吉凶見乎外，功業見乎變，聖人之情見乎辭。

天地之大德曰生，聖人之大寶曰位。何以守位？曰仁。何以聚人？曰財。理財正辭、禁民為非曰義。

第二章

古者包犧氏之王天下也，仰則觀象於天，俯則觀法於地，觀鳥獸之文與地之宜，近取諸身，遠取諸物，於是始作八卦，以通神明之德，以類萬物之情。作結繩而為網罟，以佃以漁，蓋取諸《離》。

包犧氏沒，神農氏作，斲木為耜，揉木為耒，耒耨之利，以教天下，蓋取諸《益》。

日中為市，致天下之民，聚天下之貨，交易而退，各得其所，蓋取諸《噬嗑》。

神農氏沒，黃帝、堯、舜氏作，通其變，使民不倦，神而化之，使民宜

之。《易》窮則變，變則通，通則久。是以「自天祐之，吉无不利」。黃帝、堯、舜垂衣裳而天下治，蓋取諸《乾》、《坤》。

刳木為舟，剡木為楫，舟楫之利，以濟不通，致遠以利天下，蓋取諸《渙》。服牛乘馬，引重致遠，以利天下，蓋取諸《隨》。

重門擊柝，以待暴客，蓋取諸豫。斷木為杵，掘地為臼，杵臼之利，萬民以濟，蓋取諸《小過》。

弦木為弧，剡木為矢，弧矢之利，以威天下，蓋取諸《睽》。

上古穴居而野處，後世聖人易之以宮室，上棟下宇，以待風雨，蓋取諸《大壯》。

古之葬者，厚衣之以薪，葬之中野，不封不樹，喪期無數，後世聖人易之以棺槨，蓋取諸《大過》。

上古結繩而治，後世聖人易之以書契，百官以治，萬民以察，蓋取諸《夬》。

第三章

是故《易》者，象也；象也者，像也。彖者，材也；爻也者，效天下之動者也。是故吉凶生而悔吝著也。

第四章

陽卦多陰，陰卦多陽，其故何也？陽卦奇，陰卦偶。其德行何也？陽一君而二民，君子之道也。陰二君而一民，小人之道也。

第五章

《易》曰：「憧憧往來，朋從爾思。」子曰：「天下何思何慮？天下同歸而殊途，一致而百慮。天下何思何慮？日往則月來，月往則日來，日月相推而明生焉。寒往則暑來，暑往則寒來，寒暑相推而歲成焉。往者屈也，來者信也，屈信相感而利生焉。尺蠖之屈，以求信也；龍蛇之蟄，以存身也。精義入神，以致用也；利用安身，以崇德也。過此以往，未之或知也。窮神知化，德之盛也。」

《易》曰：「困於石，據於蒺藜，入於其宮，不見其妻，凶。」子曰：「非所困而困焉，名必辱。非所據而據焉，身必危。既辱且危，死期將至，妻其可得見耶？」

《易》曰：「公用射隼於高墉之上，獲之，无不利。」子曰：「隼者，禽也；弓矢者，器也；射之者，人也。君子藏器於身，待時而動，何不利之有？動而不括，是以出而有獲，語成器而動者也。」

子曰：「小人不恥不仁，不畏不義，不見利不勸，不威不懲。小懲而大誡，此小人之福也。《易》曰：『履校滅趾，无咎。』此之謂也。」

「善不積不足以成名，惡不積不足以滅身。小人以小善為無益而弗為也，以小惡為無傷而弗去也，故惡積而不可掩，罪大而不可解。《易》曰：『何校滅耳，凶。』」

子曰：「危者，安其位者也；亡者，保其存者也；亂者，有其治者也。是故君子安而不忘危，存而不忘亡，治而不忘亂，是以身安而國家可保也。《易》曰：『其亡其亡，繫於苞桑。』」

子曰：「德薄而位尊，知小而謀大，力少而任重，鮮不及矣。《易》曰：『鼎折足，覆公餗，其形渥，凶。』言不勝其任也。」

子曰：「知幾其神乎！君子上交不諂，下交不瀆，其知幾乎？幾者，動之微，吉之先見者也。君子見幾而作，不俟終日。《易》曰：『介於石，不終日，貞吉。』介如石焉，寧用終日？斷可識矣。君子知微知彰，知柔知剛，萬夫之望。」

子曰：「顏氏之子，其殆庶幾乎？有不善未嘗不知，知之未嘗復行也。《易》曰：『不遠復，無祗悔，元吉。』」

「天地絪縕，萬物化醇。男女構精，萬物化生。《易》曰：『三人行則損一人，一人行則得其友。』言致一也。」

子曰：「君子安其身而後動，易其心而後語，定其交而後求。君子修此三者，故全也。危以動，則民不與也；懼以語，則民不應也；無交而求，則民不與也；莫之與，則傷之者至矣。《易》曰：『莫益之，或擊之，立心勿恆，凶。』」

第六章

子曰：「乾坤，其《易》之門邪？乾，陽物也；坤，陰物也。陰陽合德，而剛柔有體。以體天地之撰，以通神明之德。其稱名也，雜而不越。於稽其類，其衰世之意邪？」

「夫《易》，彰往而察來，而微顯闡幽，開而當名辨物，正言斷辭則備矣。其稱名也小，其取類也大。其旨遠，其辭文，其言曲而中，其事肆而隱。因貳以濟民行，以明失得之報。」

第七章

《易》之興也，其於中古乎？作《易》者，其有憂患乎？

是故履，德之基也；謙，德之柄也；復，德之本也；恆，德之固也；損，

德之修也；益，德之裕也；困，德之辨也；井，德之地也；巽，德之制也。

履，和而至。謙，尊而光；復，小而辨於物；恒，雜而不厭；損，先難而後易；益，長裕而不設；困，窮而通；井，居其所而遷；巽，稱而隱。

履以和行，謙以制禮，復以自知，恒以一德，損以遠害，益以興利，困以寡怨，井以辨義，巽以行權。

第八章

《易》之為書也，不可遠，為道也屢遷。變動不居，周流六虛，上下無常，剛柔相易，不可為典要，唯變所適。

其出入以度，外內使知懼。又明於憂患與故。無有師保，如臨父母。初率其辭而揆其方，既有典常。苟非其人，道不虛行。

第九章

《易》之為書也，原始要終，以為質也。六爻相雜，唯其時物也。其初難知，其上易知，本末也。初辭擬之，卒成之終。若夫雜物撰德，辨是與非，則非其中爻不備。噫！亦要存亡吉凶，則居可知矣。知者觀其彖辭，則思過半矣。

二與四同功而異位，其善不同：二多譽，四多懼，近也。柔之為道，不利遠者，其要无咎，其用柔中也。三與五同功而異位，三多凶，五多功，貴賤之等也。其柔危，其剛勝邪？

第十章

《易》之為書也，廣大悉備。有天道焉，有人道焉，有地道焉。兼三才而兩之，故六。六者非它也，三材之道也。道有變動，故曰爻；爻有等，故曰物；物相雜，故曰文；文不當，故吉凶生焉。

第十一章

《易》之興也，其當殷之末世，周之盛德邪？當文王與紂之事邪？是故其辭危。危者使平，易者使傾。其道甚大，百物不廢。懼以終始，其要无咎，此之謂《易》之道也。

第十二章

夫乾，天下之至健也，德行恒易以知險。夫坤，天下之至順也，德行恒簡以知阻。能說諸心，能研諸侯之慮，定天下之吉凶，成天下之亹亹者。是故變化云為，吉事有祥。象事知器，占事知來。天地設位，聖人成能。人謀鬼謀，百姓與能。

八卦以象告，爻彖以情言，剛柔雜居，而吉凶可見矣。變動以利言，吉凶以情遷。是故愛惡相攻而吉凶生，遠近相取而悔吝生，情偽相感而利害生。凡《易》之情，近而不相得則凶，或害之，悔且吝。

將叛者其辭慚，中心疑者其辭枝，吉人之辭寡，躁人之辭多，誣善之人其辭遊，失其守者其辭屈。

附錄三：《說卦傳》

《說卦傳》主要陳述和解說有關八卦的知識內容。對八卦的形成、意義、取象、性能、方位等分別進行說明。

第一章

昔者聖人之作《易》也，幽贊於神明而生蓍，參天兩地而倚數，觀變於陰陽而立卦，發揮於剛柔而生爻，和順於道德而理於義，窮理盡性以至於命。

第二章

昔者聖人之作《易》也，將以順性命之理。是以立天之道曰陰與陽；立地之道，曰柔與剛；立人之道，曰仁與義。兼三才而兩之，故《易》六畫而成卦。分陰分陽，迭用柔剛，故《易》六位而成章。

第三章

天地定位，山澤通氣，雷風相薄，水火不相射，八卦相錯。數往者順，知來者逆，是故《易》逆數也。

第四章

雷以動之，風以散之，雨以潤之，日以烜之，艮以止之，兌以說之，乾以君之，坤以藏之。

第五章

帝出乎震，齊乎巽，相見乎離，致役乎坤，說言乎兌，戰乎乾，勞乎坎，成言乎艮。萬物出乎震，震，東方也。齊乎巽，巽，東南也。齊也者，言萬物之潔齊也。離也者，明也，萬物皆相見，南方之卦也。聖人南面而聽天下，嚮明而治，蓋取諸此也。坤也者，地也，萬物皆致養焉，故曰致役乎坤。兌，正秋也，萬物之所說也，故曰說言乎兌。戰乎乾，乾，西北之卦也，言陰陽相薄也。坎者，水也，正北方之卦也，勞卦也，萬物之所歸也，故曰勞乎坎。艮，東北之卦也，萬物之所成終，而所成始也，故曰成言乎艮。

第六章

神也者，妙萬物而為言者也。動萬物者，莫疾乎雷；橈萬物者，莫疾乎風；燥萬物者，莫熯乎火；說萬物者，莫說乎澤；潤萬物者，莫潤乎水；終萬物、始萬物者，莫盛乎艮。故水火相逮，雷風不相悖，山澤通氣，然後能變化，既成萬物也。

第七章

乾，健也；坤，順也；震，動也；巽，入也；坎，陷也；離，麗也；艮，止也；兌，說也。

第八章

乾為馬，坤為牛，震為龍，巽為雞，坎為豕，離為雉，艮為狗，兌為羊。

第九章

乾為首，坤為腹，震為足，巽為股，坎為耳，離為目，艮為手，兌為口。

第十章

乾，天也，故稱乎父；坤，地也，故稱乎母。震一索而得男，故謂之長男；巽一索而得女，故謂之長女；坎再索而得男，故謂之中男；離再索而得女，故謂之中女；艮三索而得男，故謂之少男；兌三索而得女，故謂之少女。

第十一章

乾為天、為圜、為君、為父、為玉、為金、為寒、為冰、為大赤、為良馬、為老馬、為瘠馬、為駁馬、為木果。

坤為地、為母、為布、為釜、為吝嗇、為均、為子母牛、為大輿、為文、為眾、為柄。其於地也，為黑。

震為雷、為龍、為玄黃、為旉、為大塗、為長子、為決躁、為蒼筤竹、為萑葦。其於馬也，為善鳴、為馵足、為作足、為的顙。其於稼也，為反生。其究為健，為蕃鮮。

巽為木、為風、為長女、為繩直、為工、為白、為長、為高、為進退、為不果、為臭。其於人也，為寡髮、為廣顙、為多白眼、為近利市三倍，其究為躁卦。

坎為水、為溝瀆、為隱伏、為矯輮、為弓輪。其於人也，為加憂、為心病、為耳痛、為血卦、為赤。其於馬也，為美脊、為亟心、為下首、為薄蹄、為曳。其於輿也，為多眚。為通、為月、為盜。其於木也，為堅多心。

離為火、為日、為電、為中女、為甲冑、為戈兵。其於人也，為大腹。為乾卦、為鱉、為蟹、為蠃、為蚌、為龜。其於木也，為科上槁。

艮為山、為徑路、為小石、為門闕、為果蓏、為閽寺、為指、為狗、為鼠、為黔喙之屬。其於木也，為堅多節。

兌為澤、為少女、為巫、為口舌、為毀折、為附決。其於地也，為剛鹵。為妾、為羊。

附錄四：《序卦傳》

《序卦傳》是一篇闡明《周易》六十四卦的排列次序及其間各卦相承續意義的專論。全篇依據上、下經，分為兩部分，分別為上經卦序和下經卦序。

有天地，然後萬物生焉。盈天地之間者唯萬物，故受之以《屯》。屯者，盈也；屯者，物之始生也。物生必蒙，故受之以《蒙》。蒙者，蒙也；物之稚也。物稚不可不養也，故受之以《需》。需者，飲食之道也。飲食必有訟，故受之以《訟》。訟必有眾起，故受之以《師》。師者，眾也。眾必有所比，故受之以《比》。比者，比也。比必有所畜，故受之以《小畜》。物畜然後有禮，故受之以《履》。履者，禮也。履而泰然後安，故受之以《泰》。泰者，通也。物不可以終通，故受之以《否》。物不可以終否，故受之以《同人》。與人同者，物必歸焉，故受之以《大有》。有大者不可以盈，故受之以《謙》。有大而能謙必豫，故受之以《豫》。豫必有隨，故受之以《隨》。以喜隨人者必有事，故受之以《蠱》。蠱者，事也。有事而後可大，故受之以《臨》。臨者，大也。物大然後可觀，故受之以《觀》。可觀而後有所合，故受之以《噬嗑》。嗑者，合也。物不可以苟合而已，故受之以《賁》。賁者，飾也。致飾然後亨則盡矣，故受之以《剝》。剝者，剝也。物不可以終盡剝，窮上反下，故受之以《復》。復則不妄矣，故受之以《无妄》。有无妄然後可畜，故受之以《大畜》。物畜然後可養，故受之以《頤》。頤者，養也。不養則不可動，故受之以《大過》。物不可以終過，故受之以《坎》。坎者，陷也。陷必有所麗，故受之以《離》。離者，麗也。

有天地，然後有萬物；有萬物，然後有男女；有男女，然後有夫婦；有夫婦，然後有父子；有父子，然後有君臣；有君臣，然後有上下；有上下，然後禮義有所錯。夫婦之道，不可以不久也，故受之以《恒》。恒者，久也。物不可以久居其所，故受之以《遯》。遯者，退也。物不可以終遯，故受之以《大壯》。物不可以終壯，故受之以《晉》。晉者，進也。晉必有所傷，故受之以

《明夷》。夷者，傷也。傷於外者必反其家，故受之以《家人》。家道窮必乖，故受之以《睽》。睽者，乖也。乖必有難，故受之以《蹇》。蹇者，難也。物不可以終難，故受之以《解》。解者，緩也。緩必有所失，故受之以《損》。損而不已必益，故受之以《益》。益而不已必決，故受之以《夬》。夬者，決也。決必有所遇，故受之以《姤》。姤者，遇也。物相遇而後聚，故受之以《萃》。萃者，聚也。聚而上者謂之升，故受之以《升》。升而不已必困，故受之以《困》。困乎上者必反下，故受之以《井》。井道不可不革，故受之以《革》。革物者莫若鼎，故受之以《鼎》。主器者莫若長子，故受之以《震》。震者，動也。物不可以終動，止之，故受之以《艮》。艮者，止也。物不可以終止，故受之以《漸》。漸者，進也。進必有所歸，故受之以《歸妹》。得其所歸者必大，故受之以《豐》。豐者，大也。窮大者必失其居，故受之以《旅》。旅而無所容，故受之以《巽》。巽者，入也。入而後說之，故受之以《兌》。兌者，說也。說而後散之，故受之以《渙》。渙者，離也。物不可以終離，故受之以《節》。節而信之，故受之以《中孚》。有其信者必行之，故受之以《小過》。有過物者必濟，故受之以《既濟》。物不可窮也，故受之以《未濟》終焉。

附錄五：《雜卦傳》

　　《雜卦傳》又稱《雜卦》，是《十翼》之一，《周易大傳》七種之一。它說明各卦之間的錯綜關係，以相反相成觀點把六十四卦分為三十二對，兩兩一組，一正一反，用一兩個字解釋其卦義和相互關係。

　　《乾》剛《坤》柔，《比》樂《師》憂。

　　《臨》《觀》之義，或與或求。

　　《屯》見而不失其居，《蒙》雜而著。

　　《震》，起也。《艮》，止也。《損》《益》，盛衰之始也。

　　《大畜》，時也。《无妄》，災也。

　　《萃》聚而《升》不來也。《謙》輕而《豫》怠也。

　　《噬嗑》，食也。《賁》，無色也。

　　《兌》見而《巽》伏也。

　　《隨》，無故也。《蠱》則飭也。

　　《剝》，爛也。《復》，反也。

　　《晉》，晝也。《明夷》，誅也。

《井》通而《困》相遇也。

《咸》，速也。《恒》，久也。

《渙》，離也。《節》，止也。《解》，緩也。《蹇》，難也。《睽》，外也。《家人》，內也。《否》《泰》，反其類也。

《大壯》則止，《遯》則退也。

《大有》，眾也。《同人》，親也。《革》，去故也。《鼎》，取新也。《小過》，過也。《中孚》，信也。《豐》，多故也。親寡，《旅》也。

《離》上而《坎》下也。《小畜》，寡也。《履》，不處也。《需》，不進也。《訟》，不親也。

《大過》，顛也。《姤》，遇也，柔遇剛也。《漸》，女歸待男行也。《頤》，養正也。《既濟》，定也。《歸妹》，女之終也。《未濟》，男之窮也。《夬》，決也，剛決柔也，君子道長，小人道憂也。

附錄六：《周易》中的部分成語、名句、名人姓名

一、常用成語及翻譯（64個）

1. 結繩而治：原指上古沒有文字，用結繩記事的方法治理天下。後也指社會清平，不用法律治國的空想。《周易‧繫辭下》

2. 天地玄黃：天的顏色是黑的，地的顏色是黃的。引申指大地宇宙的起源，日月星辰的運行。《周易‧坤卦》

3. 自強不息：自己努力向上，不鬆懈。《周易‧乾卦》

4. 厚德載物：君子的品德應如大地般厚實可以載養萬物。舊指道德高尚者能夠擔當大任。《周易‧坤卦》

5. 樂天知命：舊指樂從天道的安排，安守命運的界限。現大多引申為安於現狀，樂守本分。《周易‧繫辭上》

6. 日新其德：每一天都更新增益自己的道德。《周易‧大畜‧象傳》

7. 進德修業：提高道德修養，擴大功業建樹。《周易‧乾卦》

8. 群龍無首：一群龍沒有領頭的。比喻沒有領頭的，無從統一行動。《周易‧乾卦》

9. 謙謙君子：指謙虛謹慎、能嚴格要求自己、品格高尚的人。《周易‧謙卦》

10. 革故鼎新：指去除舊的，建立新的。多指改朝換代或重大變革等。《周易‧雜卦傳》

11. 三陽開泰：「三陽」表示陽氣逐步超越陰氣，冬去春來，萬物復蘇；「開泰」則表示吉祥亨通。三條陽線開啟泰卦的意思。常用稱頌歲首或寓意吉祥。《周易·泰卦》

12. 否極泰來：意思是逆境達到極點，就會向順境轉化。指壞運到了頭好運就來了。《周易·泰卦》和《周易·否卦》

13. 不速之客：沒有邀請而自己來的客人，指意想不到的客人。《周易·需卦》

14. 藏器待時：「器」，用具，引申為才能。比喻懷才以等待施展的時機。《周易·繫辭下》

15. 无妄之災：指平白無故受到的災禍或損害。《周易·无妄卦》

16. 殊途同歸：通過不同的途徑，到達同一個目的地。比喻採取不同的方法而得到相同的結果。《周易·繫辭下》

17. 洗心革面：清除舊思想，改變舊面貌。比喻壞人物徹底悔改。《周易·繫辭上》

18. 虎視眈眈：形容兇狠而貪婪地注視著，伺機攫取。《周易·頤卦》

19. 九五之尊：「九五」，指帝位。舊指帝王的尊位。《周易·乾卦》

20. 飛龍在天：比喻帝王在位。《周易·乾卦》

21. 潛龍勿用：隱喻事物在發展之初，雖然勢頭較好，但比較弱小，所以應該小心謹慎，不可輕舉妄動。《周易·乾卦》

22. 亢龍有悔：「亢」，至高的。意為居高位的人要戒驕，否則會失敗而後悔。後也形容倨傲者不免招禍。亦指要懂得進退。《周易·乾卦》

23. 待時而動：等待時機然後行動。《周易·繫辭下》

24. 立竿見影：在陽光下豎起竹竿，立刻就看到了竹竿的影子。比喻行事能馬上看到效果或付出能馬上得到收穫。《周易參同契》

25. 仁者見仁，智者見智：仁者從仁的角度看待，智者從智的角度看待。比喻對同一個問題，不同的人從不同的立場或角度去看有不同的看法。《周易·繫辭上》

26. 窮則思變：事物到了盡頭就要發生變化。《周易·繫辭下》

27. 改過遷善：改正錯誤，變成好的。指去惡就善。《周易·益卦》

28. 觸類旁通：掌握了某一事物的知識或規律，進而推知同類事物的知識或規律。《周易·繫辭上》

29. 進退存亡：前進、後退、生存、死亡。泛指各種好的與壞的處境。《周易·乾卦》

30. 從一而終：多指用情專一，一女不侍二夫，夫死不得再嫁。也比喻忠臣不事二主。《周易·恆卦》

31. 非禮弗履：不合乎禮儀的事情，不可以做。《周易·大壯卦》

32. 安不忘危：在安全的時候不忘記危難。意思是時刻謹慎小心，提高警惕。《周易·繫辭下》

33. 書不盡言：信中難以充分表達其意，後多作書信結尾習慣用語。《周易·繫辭上》

34. 見機而作：看到適當時機立即行動。《周易·繫辭下》

35. 思患預防：想到會發生禍患，事先採取預防措施。《周易·既濟卦》

36. 神道設教：用玄妙的道理來教化眾生。《周易·觀卦》

37. 風行水上：比喻自然流暢，不矯揉造作。《周易·渙卦》

38. 雲行雨施：比喻廣泛施行恩澤。《周易·乾卦》

39. 原始反終：探究事物發展的始末。《周易·繫辭上》

40. 用晦而明：即使非常清楚明白也不宜過於表現。《周易·明夷卦》

41. 負重致遠：能背著沉重的東西，送到遠處的目的地。比喻能肩挑重任。《周易·繫辭上》

42. 履霜堅冰：踩著霜，就想到結冰的日子就要到來。比喻看到事物的苗頭，就對它的發展有所警戒。《周易·坤卦》

43. 窮神知化：窮究事物之神妙，瞭解事物之變化。《周易·繫辭下》

44. 勿藥有喜：不用吃藥，病可自愈。《周易·无妄卦》

45. 節以制度：用典章制度來節制。《周易·節卦》

46. 開物成務：「開」，開通，瞭解；「務」，事務。通曉萬物的道理並按這道理行事而得到成功。《周易·繫辭上》

47. 亂極必治：必須整治一番，才能涉險濟難。《周易·蠱卦》

48. 窮理盡性：窮究天下萬物的根本原理，徹底洞明人類的心體自性。後泛指窮究事理。《周易·說卦》

49. 日月麗天：「麗」，依附。像日月懸掛在天空。比喻永恆不變。《周易·離卦》

50. 正位凝命：擺正位置，凝聚力量，以完成自身使命。《周易·鼎卦》

51. 日中則昃，月滿則虧：太陽到了正午就要偏西，月亮盈滿就要虧缺。比喻事物發展到一定程度，就會向相反的方向轉化。《周易·豐卦》

52. 治曆明時：治世的大人君子，取象於曆法。《周易·革卦》

53. 枯楊生稊（tí）：「稊」，植物的嫩芽。枯萎的楊樹又長出了芽。舊喻老人娶少妻。《周易·大過卦》

54. 羝（dī）羊觸藩：公羊角卡在圍籬上。形容進退兩難的意思。《周易·大壯卦》

55. 窮大失居：居大位者驕奢無度，必覆滅而失所居。形容多而不適用。《周易·序卦傳》

56. 類族辨物：分辨事物的種類，辨別事物的情況。《周易·同人卦》

57. 滅頂之災：是指水漫過頭頂，比喻毀滅性的災難。《周易·大過卦》

58. 觀國之光：觀仰國家大治的光輝景象。《周易·觀卦》

59. 能屈能伸：能彎曲也能伸直。指人能適應各種境遇，在失意時能忍耐，在得志時能施展抱負。《周易·繫辭下》

60. 朋友講習：朋友在一起相互講解道理、研習學業。《周易·兌卦》

61. 夫妻反目：夫妻不和、吵架。《周易·小畜卦》

62. 申命行事：反覆宣告政令，施行統治。《周易·巽卦》

63. 致命遂志：「遂」，實現。捨棄生命來實現理想。《周易·困卦》

64. 各得其所：原指各人都得到滿足。後指每一個人或事物都得到恰當的安置。《周易·繫辭下》

二、經典名句及翻譯（64 條）

1. 天行健，君子以自強不息。《周易·乾卦》
   譯文：天體運行，周而復始，剛健有力，君子應效法於天，自覺地努力向上，力求進步。

2. 地勢坤，君子以厚德載物。《周易·坤卦》
   譯文：地勢順承，君子應當效法大地，以寬厚的德行，去負載萬物。

3. 河出圖，洛出書，聖人則之。《周易·繫辭上》
   譯文：黃河出現背上有圖形的龍馬，洛水出現背上有圖形的神龜，聖人仿照它製作八卦。

4. 積善之家，必有餘慶；積不善之家，必有餘殃。《周易・坤卦》

譯文：修善的人家，必然有多的吉慶，作惡的人家，必多禍殃。

5. 善不積，不足以成名；惡不積，不足以滅身。《周易・繫辭下》

譯文：不積累善行，不足以成就美名；不積累惡行，不足以使自身滅亡。

6. 二人同心，其利斷金。同心之言，其臭如蘭。《周易・同人卦》

譯文：兩人同心，像刀那樣鋒利，可以切斷金屬。同心的話，像蘭花那樣幽香。

7. 君子藏器於身，待時而動。《周易・解卦》

譯文：君子懷才在身，等待恰當時機行動。

8. 君子以多識前言往行，以畜其德。《周易・大畜卦》

譯文：君子因此多方記取前代聖賢的嘉言善行，來積累自己的德行。

9. 窮則變，變則通，通則久。《周易・繫辭下》

譯文：遇到困窮的時候就要學會改變，改變了就能通達，通達了就能夠長久。

10. 德薄而位尊，智小而謀大，力少而任重，鮮不及矣。《周易・繫辭下》

譯文：道德淺薄而位置尊崇，智慧小而圖謀大事，力量小而擔負重任，很少沒有不遭禍患的。

11. 君子安而不忘危，存而不忘亡，治而不忘亂。《周易・否卦》

譯文：君子在安全的時候不忘危險，在生存的時候不忘滅亡，在清平的時候不忘動亂。

12. 君子上交不諂，下交不瀆。《周易・繫辭下》

譯文：君子結交地位高的人，不諂媚討好；結交地位低的人，不輕慢卑視。

13. 君不密則失臣，臣不密則失身，幾事不密則害成。《周易・繫辭上》

譯文：君說話不慎密則失信於臣，臣說話不慎密則災殃及身，重要的事情不慎密則造成禍害。

14. 君子以作事謀始。《周易・訟卦》

譯文：君子在做事開始之前就要理順各種關係，杜絕各種爭訟麻煩。

15. 不恒其德，或承其羞。《周易・恒卦》

譯文：如果不能堅守恆常之德，就可能會因此而蒙受羞辱。

16. 損而不已必益，益而不已必決。《周易・序卦傳》

譯文：事物減損不停止必定會帶來增益，受益不停止必然會帶來潰決。

17. 潛龍勿用。《周易‧乾卦》

譯文：像潛伏的龍一樣，在能力或時機不到時，不要有所作為，需潛伏養精蓄銳。

18. 居上位而不驕，在下位而不憂。《周易‧乾卦》

譯文：處在上位而不驕傲，處在下位而不憂愁。

19. 同聲相應，同氣相求。《周易‧乾卦》

譯文：同樣的聲音能產生共鳴，同樣的氣味會相互融合。

20. 與天地合其德，與日月合其明，與四時合其序，與鬼神合其吉凶。《周易‧乾卦‧文言》

譯文：德行要像天地一樣覆載萬物，聖明要像日月一樣普照大地，行動要像四季交替一樣規律有序；吉凶要同鬼神一樣靈驗。

21. 君子敬以直內，義以方外。《周易‧坤卦‧文言》

譯文：君子當以恭敬的態度使（自己）內心正直，以正義的準則為外在行為的規範。

22. 匪我求童蒙，童蒙求我。初筮告，再三瀆，瀆則不告。《周易‧蒙卦》

譯文：不是我求於幼童，是幼童有求於我。第一次請教，我有問必答，如果一而再再而三地沒禮貌亂問，我則不予回答。

23. 謙謙君子，卑以自牧也。《周易‧謙卦》

譯文：君子為何能表現得如此謙虛，因為他能夠以一顆謙卑之心來自我修養。

24. 天地養萬物，聖人養賢，以及萬民。《周易‧頤卦》

譯文：天地養育萬物，聖人作為統治者，通過養育賢人來養及萬民。

25. 君子以非禮弗履。《周易‧大壯卦》

譯文：不符合禮數規範的事情不要去做。

26. 女正位乎內，男正位乎外，男女正，天地之大義也。《周易‧家人卦》

譯文：在一個家庭裏，女人在家裏要守正，男人在外面要守正，這就是天尊地卑的大義。

27. 君子以言有物，而行有恆。《周易‧家人卦》

譯文：君子應該在說話時要言之有物，行為要有始有終。

28. 君子以反身修德。《周易・蹇卦》

    譯文：君子在遭受艱難險阻時，要反求諸己而加強道德修養。

29. 日中則昃，月盈則食，天地盈虛，與時消息。《周易・豐卦》

    譯文：太陽到了正午就要偏西，月亮盈滿就要虧缺，天地之間的盈虛變化，是跟著時間的變化而發生的。

30. 君子以思不出其位。《周易・艮卦》

    譯文：君子思考問題應該不要超出他所處的位置。

31. 君子以見善則遷，有過則改。《周易・下經》

    譯文：君子因此看見善行就立即去做，有了過錯就馬上改正。

32. 君子以朋友講習。《周易・兌卦》

    譯文：君子要與朋友一起講未明的道理，學習不熟悉的事情。

33. 君子以思患而預防之。

    譯文：君子要善於思考事情的後患，從一開始就要預防。

34. 一陰一陽之謂道。《周易・繫辭上》

    譯文：一陰一陽的矛盾變化就稱為道。

35. 君子居則觀其象而玩其辭，動則觀其變而玩其占。《周易・繫辭上》

    譯文：君子平時無事就看卦的象，玩味象的文辭，有行動的時候，就看爻的變化，玩味爻的占斷。

36. 自天祐之，吉无不利。《周易・繫辭上》

    譯文：上天保佑，吉祥無不吉利。

37. 易與天地準，故能彌綸天地之道。《周易・繫辭上》

    譯文：周易仿照天地而做，所以能包含天地之道。

38. 樂天知命，故不憂。《周易・繫辭上》

    譯文：樂於天道的安排，知曉天地的規律，因而不憂不愁。

39. 方以類聚，物以群分。《周易・繫辭上》

    譯文：來自不同方位的種群以類相聚，天下萬物以群相分。

40. 仁者見之謂之仁，知者見之謂之知。《周易・繫辭上》

    譯文：對同一個問題，不同的人從不同的立場或角度出發有不同的看法。

41. 是故《易》有太極，是生兩儀，兩儀生四象，四象生八卦，八卦定吉凶，吉凶生大業。《周易・繫辭上》

譯文：所以《周易》有太極，太極生出一對陰陽，陰陽生出老陽、老陰、少陽、少陰四象，四象生出天地水火風雷山澤八卦，八卦變化推演能斷定吉凶，能判定吉凶就能成就偉大的事業。

42. 書不盡言，言不盡意。《周易·繫辭上》

譯文：書面文字不能完全表達作者的語言，語言不能完全表達人的思想。

43. 形而上者謂之道，形而下者謂之器。《周易·繫辭上》

譯文：道是脫離於具體形狀之上的，是抽象的，器是具體有形的，是可以用感官來認識的。

44. 天地之大德曰生，聖人之大寶曰位。何以守位？曰仁；何以聚人？曰財。《周易·繫辭下》

譯文：天地最偉大的功德是化生萬物，聖人最大的寶物是享有崇高的地位。如何保住位置？是仁德；如何招聚人民？是財富。

45. 天下同歸而殊途，一致而百慮。《周易·繫辭下》

譯文：天下人所行的路途不一樣，但是歸宿都是相同的；人們的思慮各種各樣，但是最後的結果是一樣的。

46. 尺蠖（huò）之屈，以求信也。龍蛇之蟄，以存身也。《周易·繫辭下》

譯文：尺蠖在爬行時彎曲身體，是為了求得伸展；龍蛇的蟄伏，是為了保存自我。

47. 小人不恥不仁，不畏不義，不見利而不勸，不威不懲；小懲而大誡，此小人之福也。《周易·繫辭下》

譯文：小人不以不仁為恥，不怕做不義的事，不見到利益就不願勤勉，不受到威脅就不會戒懼。給予一點小的懲罰就會產生大的警戒，這是小人的福氣。

48. 時止則止，時行則行，動靜不失其時，其道光明。《周易·艮卦·象傳》

譯文：該靜止的時候，必須要靜止；該行動的時候，必須要行動。不論是靜止，還是行動，都要掌握好時機，這樣做就會大道光明。

49. 知周乎萬物，而道濟天下。《周易·繫辭上》

譯文：天下萬物無所不知，用道救濟天下之人。

50. 亢龍有悔，盈不可久也。《周易·乾卦》

譯文：龍飛得過高會有所懊悔，因為滿盈之後便不會持久。

51. 君子進德修業。《周易·乾卦》

譯文：提高道德修養，擴大功業建樹。

52. 以貴下賤，大得民也。《周易·屯卦》
譯文：能以尊貴的身份居於卑賤之人下面，所以大得民心。

53. 天地交而萬物通也，上下交而其志同也。《周易·泰卦》
譯文：天和地之間交流，則萬事萬物流通和暢；領導與民眾溝通，則可以上下思想一致。

54. 易之為書也，廣大悉備，有天道焉，有人道焉，有地道焉。《周易·繫辭下》
譯文：周易這部書廣大得無所不包，裏面有天道，有人道，有地道。

55. 將叛者其辭慚，中心疑者其辭枝，吉人之辭寡，躁人之辭多，誣善之人其辭游，失其守者其辭屈。《周易·繫辭下》
譯文：將要反叛的人，其說話時有愧色；心中疑惑的人，他的言辭混亂不清；吉祥的人言辭一向很少；急躁的人說話總是很多；污蔑善良的人，他的言辭總是游移不定；喪失操守的人，他的言辭就比較屈服。

56. 不易乎世，不成乎名。《周易·乾卦》
譯文：自己的意志不為世俗所改變，不為了名聲而去成就事業。

57. 飛龍在天，利見大人。《周易·乾卦》
譯文：像龍飛騰於天，利於晉見大德之人，建立宏偉事業。

58. 慢藏誨盜，冶容誨淫。《周易·繫辭上》
譯文：收藏財物不慎，等於叫人來偷，女子打扮得過於妖豔，無異於引誘人來調戲自己。

59. 君子以果行育德。《周易·蒙卦》
譯文：君子效法水之必行，因此用果斷的行為來培育品德。

60. 觀乎天文，以察時變；觀乎人文，以化成天下。《周易·賁卦》
譯文：觀察天地運行規律，明白春夏秋冬四時的變化，觀察人世的事情，可以化成天下。

61. 探賾（zé）索隱，鈎深致遠。《周易·繫辭上》
譯文：探究深奧的道理，搜索隱秘、深遠的問題。

62. 君子學以聚之，問以辨之，寬以居之，仁以行之。《周易·乾卦》
譯文：君子通過學習來積累知識，通過討論來明辨事理，用寬厚的態度處事，用仁義來行事。

63. 中正以觀天下。《周易・觀卦》

譯文：用不偏不倚的態度來觀察這個社會和世界。

64. 君子居其室，出其言善，則千里之外應之，況其邇者乎？居其室，出其言不善，則千里之外違之，況其邇者乎？《周易・繫辭上》

譯文：君子在自己的家裏，如果說出的話是美好的，那麼千里之外都能得到應和，何況是近處的呢？在自己的家裏，如果說出的話是不美好的，那麼千里之外也會背棄它，何況那近處的呢？

三、名人姓名（32 個）

1. 列禦寇（列子）：戰國思想家、預言家、文學家。出自《周易・蒙卦》：「上九：擊蒙，不利為寇，利禦寇。」

2. 趙云：三國時期蜀漢名將，字子龍。出自《周易・乾卦文言》：「雲從龍，風從虎。」

3. 酈道元（約 470～527）：北朝北魏地理學家，字善長、散文家。出自《周易・乾卦文言》：「元者，善之長者也。」

4. 駱賓王：初唐四傑之一，字觀光。出自《周易・觀卦》：「六四：觀國之光，利用賓於王。」

5. 白居易：唐代大詩人，字樂天。出自《周易・繫辭上》：「樂天知命，故不憂。」

6. 陸羽（703～804）：著有《茶經》一書，被後人尊稱為「茶聖」，字鴻漸。出自《周易・漸卦》：「上九：鴻漸於陸，其羽可用為儀，吉。」

7. 劉知幾：唐代著名史學家，字子玄。出自《周易・繫辭下》：「子曰：知幾其神乎。」

8. 李世民（599～649）：唐代政治家。年號貞觀，開創「貞觀之治」。出自《周易・繫辭下》：「天地之道，貞觀者也。」

9. 呂蒙正：宋代宰相，字聖功。出自《周易・蒙卦》：「《象》曰：蒙以養正，聖功也。」

10. 晁補之：北宋詞人，字無咎。出自《周易・繫辭上》：「无咎者，善補過者也。」

11. 晏殊：北宋詞人，字同叔。出自《周易・繫辭下》：「天下同歸而殊途，一致而百慮。」

12. 張載（1020～1077）：北宋哲學家、理學創始人之一，字子厚。出自《周易‧坤卦》：「《象》曰：地勢坤，君子以厚德載物。」

13. 王安石（1021～1086）：北宋著名思想家、政治家和文學家，字介甫。出自《周易‧豫卦》：「中正自守，其介如石。」

14. 黃裳（1044～1130）：宋神宗進士，禮部尚書，字勉仲。出自《周易‧坤卦》：「六五：黃裳，元吉。《象》曰：黃裳元吉，文在中也。」

15. 韓元吉（1118～1187）：南宋詞人，字无咎。出自《周易‧坤卦》：「六五：黃裳，元吉。」

16. 王十朋（1112～1171）：南宋政治家，詩人，一代名臣，字龜齡。出自《周易‧損卦》：「六五：或益之十朋之龜，弗克違，元吉。」

17. 何天衢（？～1527）：明代官員，字道亨。出自《周易‧大畜卦》：「上九：何天之衢，亨。」

18. 趙貞吉（1508～1576）：明禮部尚書，文淵閣大學士，字孟靜。出自《周易‧需卦》：「有孚，光亨，貞吉，利涉大川。」

19. 申時行（1535～1614）：字汝默，明代官員。出自《周易‧大有卦》：「其德剛健而文明，應乎天而時行，是以元亨。」

20. 錢謙益（1582～1664）：明末清初散文家，詩人，字受之。出自《周易‧謙卦》和《周易‧益卦》

21. 李光地（1642～1718）：清政治家，理學家，字晉卿。出自《周易‧晉卦》：「明出地上，順而麗乎大明。」

22. 姚際恒（1647～1715）：清目錄學家、藏書家、史學家，字立方。出自《周易‧恒卦》：「《象》曰：雷風，恒。君子以立不易方。」

23. 咸豐帝：清代皇帝。出自《周易‧咸卦》和《周易‧豐卦》。

24. 毛澤東（1893～1976）：偉大的無產階級革命家、戰略家、理論家，字潤之，湖南湘潭人。出自《周易‧繫辭上》：「鼓之以雷霆，潤之以風雨。」

25. 蔣介石（1887～1975）：近代中國著名政治人物及軍事家，出生於浙江奉化，名中正，字介石。出自《周易‧豫卦》：「中正自守，其介如石。」

26. 陳誠（1898～1965）：浙江省麗水市人，中華民國陸軍一級上將，字辭修。出自《周易‧乾卦‧文言》：「修辭立其誠，所以居業也。」

27. 蔣百里（1882～1938）：浙江海寧人，清末秀才、民國時期著名軍事理論家、軍事教育家。他也是民族功臣錢學森的岳父。其字方震，出自《周易·震卦》：「震驚百里，不喪匕鬯。」

28. 臧克家（1905～2004）：山東濰坊人，現代詩人。出自《周易·蒙卦》：「九二：包蒙吉，納婦吉，子克家。」

29. 章含之（1935～2008）：上海人，中國著名外交家。出自《周易·坤卦》：「六三：含章可貞，或從王事，無成有終。」

30. 元朝國號和明朝國號：出自《周易·象傳》：「大哉乾元」和「大明終始」。

31. 王岐山（1948～　）：山西天鎮人，現任中華人民共和國副主席。出自《周易·升卦》：「六四：王用亨於岐山，吉，无咎。」

32. 莫文蔚（1970～　）：中國香港人，著名歌手和演員。出自《周易·革卦》：「君子豹變，其文蔚也。」

讀懂周易，讀懂教育，讀懂生活
（代後記）

寒暑相推四十餘載，庚寅研易十又有二。奔忙於杏壇生計之間，磨略古經，未敢輟也。今編梓成文，以期資於後學。

2013 年金秋，在荊門參加小學語文骨幹教師國家級培訓，有幸結識了武漢大學劉澤雄教授、杭州師範大學江平教授、武漢東湖新技術開發區教育發展研究院常務副院長、湖北省特級教師夏循藻以及荊門教育局督導評估中心熊虎主任（時任竹園小學校長），此乃三生有幸。他們得知我如此酷愛周易，當即建議我把周易智慧與教學體悟結合在一起，寫一本「周易與教育」的書。於是，我抱著試一試的心態，教學之餘，筆耕不輟，終成初稿。

「周易即生活，生活即教育。」周易無處不在，只是「百姓日用而不知」。比如在衣食住行方面，有「飲食宴樂」的需卦與「時行則行，時止則止」的艮卦。比如在品德修養方面，有「謙謙君子」的謙卦與「遷善改過」的益卦。在談婚論嫁方面，有「以虛受人」的咸卦與「永終知敝」的歸妹卦。在政治經濟方面，有「依法治國」的噬嗑卦與「革故鼎新」的革卦、鼎卦。具體到教學實踐，易卦的哲理更是無處不在。比如一節課的開始，就是「屯」，推進教學活動就是「漸」，期間師生的互動就是「隨」與「咸」，一門課程的結束，就是「既濟」。而學生由不覺到覺，就是「蒙」與「益」……一節課下來，課堂氣氛是否活躍，重點難點是否突破，效果如何，「兌」、「坎」、「賁」、「觀」等智慧亦在其中矣！

周易本包羅萬象，「教育」只是「滄海一粟」。為了主要定位於廣大教師

與大學生，凸顯教育元素，每卦依熊虎先生建議，導入全用教育場景切入，中間「案例解讀」儘量一卦至少用一種教育現象舉隅。所選案例儘量兼顧生動性，通俗性，哲理性，廣泛性，以期雅俗共賞。

「外比於賢，以從上也。」拙書的出版，離不開瀋陽大學張國明教授的宏觀把脈，離不開武漢大學曾維龍教授的諄諄教誨，離不開江漢大學汪頻高教授的建言獻策，離不開中華書局資深編輯吳麒麟的辛勤勘校，更離不開熊虎先生、「在京湘人一地山謙」的字斟句酌，反覆推敲與取捨。「滴水之恩，湧泉相報」，在此一併謝忱。是以為記。

「始生之物，其形必醜。」書中如有疏漏及不當之處，敬請廣大師生、專家、學者提出寶貴意見，以便再版時修訂。

李志華
2019 年 10 月 9 日